KB047292

회사인간, 회사를 떠나다

BOOK
JOURNALISM

회사인간, 회사를 떠나다

발행일 ; 제1판 제1쇄 2017년 7월 13일 제1판 제4쇄 2020년 8월 25일
지은이 ; 김종률 발행인·편집인 ; 이연대
주간·편집 ; 김하나 제작 ; 강민기
지원 ; 유지혜 고문 ; 손현우
펴낸곳 ; ㈜스리체어스 _ 서울시 중구 삼일대로 343 8층
전화 ; 02 396 6266 팩스 ; 070 8627 6266
이메일 ; hello@bookjournalism.com
홈페이지 ; www.bookjournalism.com
출판등록 ; 2014년 6월 25일 제300 2014 81호
ISBN ; 979 11 86984 14 7 03300

BOOK
JOURNALISM

회사인간, 회사를 떠나다

김종률

; 회사에서 근무한 베이비붐 세대의 퇴직 남성, 한국 사회에서 흔히 꼰대라고 불리는 이들의 태도와 가치관, 감정은 개인적인 특성은 아니다. 오히려 시대적 맥락에 따라 만들어진 집단적 정체성에 가깝다. 젊은 우리도 현 시대의 요구와 맥락 속에서 특유의 정체성을 형성해 나가고 있는지도 모른다. 그렇기 때문에 이 책은 내 아버지의 이야기인 동시에, 나의 이야기이다.

차례

참여자의 어투를 살리기 위해 인터뷰 내용 중 맞춤법에 맞지 않는 표현들은 수정하지 않고 그대로 두었습니다.

프롤로그   당신은 누구십니까 얼마 전, 모임에 참석하기 위해 지하철 3호선을 타고 종로3가를 향해 가고 있었다. 평일 점심이 조금 지난 시간, 양재에서 압구정을 지나 한강을 건널 무렵 서서 가던 내 앞에 50대 후반에서 60대 초반으로 보이는 정정한 어르신이 앉았다. 멀뚱히 앞에 서 있는 젊은이가 부담스러웠는지 옆에 빈자리가 생기자 몇 차례의 실랑이 끝에 기어코 나를 앉히고야 말았다. 못 이기는 척 앉기는 하였으나 이내 지하철 문 옆에 서서 갈 것을 잘못했다는 생각이 들었다. 한동안 아무 말 없이 가던 중, 이 어르신은 좀 전의 실랑이를 디딤돌 삼아 나에게 이것저것 묻기 시작했다. 소위 호구 조사라는 것의 시작이었다. 시간과 정신의 방을 지난 뒤, 그는 자신을 소개하기 위해 명함 지갑을 꺼내려 바지 주머니를 뒤적였다. 주머니를 뒤적이는 저 팔이 자칫 옆자리 아주머니의 얼굴을 가격할까 내심 신경이 쓰였으나 다행히 아주머니는 신경 쓰지 않는 눈치였다.

그가 건넨 명함은 온통 한자로 되어 있었다. 그리고 자신의 명함을 찾기 위해 반쯤 열어 둔 지갑 속에는 번듯한 증명사진이 새겨진 재무 설계사의 명함이 있었다. 증권, 채무, 투자 상담을 전문으로 한다는 이들의 명함을 보며 아마도 이 어르신의 자산은 이 중 누군가에 의해 관리되고 있는지도 모르겠다는 추측을 하는 찰나, 목적지에 도착한 젊은이는 내려야 했다. 1967년에 설립된 모 토목 회사에 근무했던 노신사와의 만남은 꽉 찬 다섯 정거장만큼의 시간이었다. 그에게 있어 명함에 담긴 정보는 짧은 시간 동안 상대방에게 자신을 소개할 수 있는 가장 압축적인 수단이었을 것이다.

지하철에서의 사건을 끄집어낸 이유는 조용히 목적지에 가고 싶었던 젊은이가 느낀 불편함을 말하기 위함도, 젊은이가 쳐 놓은 불편함의 경계를 불쑥 치고 들어온 어르신의 무례를 비난하기 위함도 아니다. 그렇다고 한국의 고령화 속도를 운운하며 우리 사회에 닥칠 충격과 그에 따른 사회 제도 개선과 경제적 대응책에 대한 논의로 귀납하려는 의도는 더욱 아니다. 베이비붐 세대, 혹은 아저씨, 꼰대라는 범주에 묶여 몇 가지 특성으로 단순하게 규정되고 있는 이들을, 우리는 제대로 알지 못한다는 점을 상기하고 싶었다. 대체 자식뻘의 모르는 이에게 기어이 말을 걸어 자기 자신을 드러내고자 했던 이 사람은 누구란 말인가.

어떤 사회적 집단은 그 구성의 특징에 따라 이름을 얻는다. 특징의 범주는 계층, 세대, 젠더를 구분하는 의미에서 학술 용어로 규정되기도 하지만 일상적으로 쓰이는 용어에서부터 시작되기도 한다. 전자의 경우 최대한 정제된 언어를 사용하기 위해 노력하지만, 후자의 경우는 때로 날것 그대로의 감정 혹은 가치관이 그대로 반영되어 있는 경우를 심심찮게 발견할 수 있다.

회사에서 근무한 베이비붐 세대의 퇴직 남성, 한국 사회에서 이들을 부르는 이름은 일방적이고 단편적이다. 이 기성세대 남성 퇴직자 집단이 가진 함의는 우선 고령화 사회의 위기 담지자이다. 이미 알려져 있는 것처럼, 고령화 위기론은 베이비붐 세대의 퇴직이 진행되고 이들이 노년기에 진입함과 동시에 발생하게 될 사회적 비용의 급증에서 출발한다. 이때 은퇴자는 인적 자원으로서 경제 활동 인구가 될 가능성, 노화에 따른 질병이나 우울감, 스트레스를 치료할 의료비 같은 사회적 비용의 범위와 규모로 대치되고, 지원 방안이 필요한 대상의 차원으로 재현된다. 이러한 시각에서 은퇴한 베이비붐 세대의 남성은 비생산 인구이자 복지 대상이다.

동시에 이들은 세대 간 상호 작용의 측면에서 젊은이들의 멘토가 되어 줘야 하는 집단이다. 사회는 이들에게 젊은 세대를 위로하고 격려하며, 방향성을 제시해 줄 것을 기대한다. 하지만 결과는 멘토가 아닌 꼰대다. 이 세대는 군사주의적 특성을 가진 우리나라 조직 체계에서 길러졌다. 남성성이 강조되고 근속 기간에 비중을 두는 연공서열제, 톱다운top-down 방식의 조직 생활에 익숙했던 사람에게 "은퇴할 시기가 되었으니 아직 취직하지 못한 젊은이들에게 멘토가 되어 주세요. 당신의 경험담을 들려주세요."라고 요청한다면 경험담보다 무용담을, 격려와 위로보다는 젊은이들의 나약함에 대한 지적을 듣게 될 가능성이 높다.

일본에서는 이런 특징을 가진 집단을 '회사인간'이라고 불렀다. 회사인간이란 전후 경제 성장기를 거치면서 자신의 헌신이 조직의 성장, 나아가 국가 발전에 이바지한다는 사고를 내면화한 조직 구성원을 의미한다. 국가의 경제가 기업의 성장에 의존하는 구조하에서, 기업은 연공서열제와 종신(정년) 고용, 각종 복리 후생 제도를 제공하면서 구성원들이 조직과 자신을 동일시하게 했다. 동시에 기업이 구성원에게 가족을 부양할 만큼의 임금을 제공함으로써, 남성 생계 부양자 모델을 구성했다. 남성은 회사에서 일을 하고, 여성과 자녀 등 부양가족이 회사가 아닌 다른 영역에서 생활하도록 역할의 분리를 종용했다. 여기서 다른 영역의 가장 대표적인 예는 가사 영역이다. 이런 남성 생계 부양자 모델이 지배적으로 작동하는 모습이 일본의 전후 경제 성장기 기업 중심 사회의 전형이었다. 당시 일본의 회사인간의 세대적 구성은 제2차 세계대전 직후 태어난 베이비붐 세대인 '단카이團塊 세대'였다.

일본의 단카이 세대처럼, 1950~1960년대에 출생한 한국의 베이비부머들은 회사인간으로 성장했다. 자신들이 산업역군으로 투입되어 철저하게 회사인간이 되어 가는 동안 한강의 기적과 88올림픽 유치를 목도하며 기뻐했다. 한국이 경제협력개발기구OECD 회원국에 가입함으로써 경제 선진국에 진입했다는 찬사를 받으며 업무에 박차를 가했다. 내가 맡은 자리에서 열심히 일한 결과, 국가의 1인당 국민 소득 만 달러 시대를 열었다. 묵묵히 최선을 다해 책임감을 가지고 야근도 마다하지 않고 일한 만큼 내 가족을 먹여 살릴 수 있었다. 고도성장을 배경으로 다양한 부문에 진출하여 사회적 지위와 경제적 안정을 구가한 이들에게 회사란 그저 직장 이상의 의미다. 회사는 회사인간에게 성취에 대한 가치를 공유하고 관계를 형성하며 의사소통을 했던 생활 세계였다. 출근하는 한 이들은 공적 사회 관계망을 유지하려 애쓸 필요가 없었다. 성취해야할 목표는 굳이 찾아내지 않아도 자연스럽게 주어졌다. 소속된 회사와 직책을 밝히는 것은 곧 자신을 소개하는 일이었다.

이 책이 주목하는 것은 회사인간이었던 퇴직자들이 탈회사인간화하는 과정의 대응 방식이다. 퇴직은 이들에게 생활 세계를 해체하고 재구성하는 계기다. 퇴직 후, 회사인간의 정체성은 가족 간의 갈등과 경제적 어려움이라는 위기를 맞닥뜨리게 된다. 재직 당시 공적 영역에서의 생존은 가정에서의 부재와 단절을 의미했다. 가족 구성원으로서의 친밀성뿐 아니라 가정에 대한 기여 또한 부족할 수밖에 없었다. 따라서 가족들은 이미 가장이 부재한 환경에 익숙하다. 결국 회사인간에게 가정은 당연히 돌아가야 할 곳이면서도 새롭게 적응해야 하는 곳이 된다.

회사 밖의 영역에서 회사인간의 정체성을 지탱해 온 경제력은 퇴직과 동시에 흔들리기 시작한다. 이들의 경제적 근간인 연금과 자산은 자녀의 결혼과 의료비, 부동산 가치의 하락 등으로 위협받는다. 위기에 내몰린 이들을 대상으로, 금융업계는 노후 난민과 같은 자극적인 용어를 앞세운 공포 마케팅 전략을 구사한다. 최소 얼마의 은퇴 자금을 모아 두어야 소외받지 않는 삶을 살 수 있다, 각종 금융 상품에 가입하지 않으면 낙오자가 될 것이다, 으름장을 놓는다. 소득이 끊기고 모든 소비가 부담이 되기 시작하는데도, 자기 계발 시장의 유혹은 끊이지 않는다. 뷰티 산업은 꽃중년의 이미지를 강조하면서 노화를 미의 대척점으로 규정하고 건강, 의류부터 성형까지, 돈을 써야 할 지점을 친절히 안내한다. 은퇴 후의 풍요로운 삶을 위한, 젊은이와 소통하는 멘토가 되기 위한 교육은 이제 하나의 산업이 되었다.

평생에 걸쳐 자신의 약한 모습을 감추는 것이 생존 전략이었던 사람들, 그래서 현재의 약한 모습이 공론화되는 것을 꺼리는 이들은, 과연 그저 노년에 접어들 때까지 자신의 주어진 삶을 버텨야만 하는 수동적인 존재인가? 언론이나 전문가들이 명명하는 대로 갈등과 위기의 씨앗이 되는 문제의 담지자인가?

개인 간, 세대 간, 집단 간의 적대와 갈등을 공공연히 드러내는 최근의 대한민국에서, 어떤 집단, 세대가 내포한 문제점은 이해와 관심의 지점이 아닌, 적대감의 기폭제가 되어 버렸다. 서로를 알기 위해 노력해 보기도 전에, 매섭게 쏘아보며 문제점을 찾아내려 하는 것이 관계의 수순이 되어 버린 듯하다. 상대를 이해하기 위해서는 직접 부딪히고, 소통하는 것이 최선의 방법일 것이다. 그러나 우선은 편견 없이 상대의 삶을 살펴보는 것이 필요하다. 이 책은 때로는 대한민국의 사회적, 경제적, 정치적 갈등의 씨앗을 품은 시한폭탄처럼 그려지는 한 세대, 그중에서도 생존을 위해 특정한 문화를 내면화해 온 이들에 대한 일종의 번역서다. 이들과의 소통을 선뜻 실행에 옮기지 못하는 사람들, 막연한 반감을 갖고 있는 세대가 회사인간 세대에 대해 알아 가는 시작점이 되기를 바란다.

회사인간의 정체

공적 영역에 귀속된 남성

전후 한국 사회는 전형적인 후발 산업 국가였다. 한국 경제가
비약적으로 발전한 개발 독재 시기는 권위주의하에서 발전을
도모했던 시기였다. 이러한 국가의 모습을 '발전 지향형 국가'
라고 한다. 주로 동아시아의 후발 산업 국가를 설명하기 위한
말로, 한국 사회에서는 1970~1980년대의 사회 계급과 국가의
성격을 설명하기 위하여 쓰인다. 발전 지향적 국가는 자유로운
시장의 거래를 원칙으로 하되, 정부가 적극적으로 시장에 개입
해 경제 성장을 주도하는 전략을 취한다. 중점 산업의 지정, 중
점 산업의 성장을 위한 산업별 계획, 기술 진보의 촉진, 시장 안
정성을 확보하기 위한 가격과 과당 경쟁의 규제, 선택적 보호주
의 정책, 보조금 정책 등이 추진된다. 같은 맥락에서 한국의 초
기 경제 개발 계획은 부족한 자본을 효율적으로 활용하기 위
해 정부가 경제 질서에 직접 개입하는 방식이었다. 아시아의 신
생 독립국이자 분단국가로서 경제 개발 계획을 실시한 배경에
는 정치적 독립에 버금가는 경제 성장에 대한 국가와 국민의
열망이 있었다.[1]

　　권위주의 정권하에서 한국 사회의 자본 축적 과정은 단
순한 자본의 확대 재생산과 성장, 즉 양적 증대의 과정만이 아
니라, 사회 전반적 관계의 자본주의적 재편 과정인 동시에 여러
집단의 형성과 변형 과정이라고 할 수 있다. 특히 1970~1980년

대의 한국과 같은 후발 산업 국가의 독점 자본주의 단계에서
는, 자본 축적 과정이 계급 관계의 변형과 화이트칼라 계층의
형성에 직접적인 영향을 미친다. 기업의 규모가 확대되면서 자
본가는 생산 및 판매의 모든 과정을 직접 관리할 수 없게 되고,
결국 종업원의 분포는 위계적 피라미드 구조를 띠게 된다. 또한
기업 규모의 확대는 자본의 거대화를 수반했고, 회사에는 전문
기술인보다 전문 경영인이 필요하게 되었다. 은행과 같이 금융
자본을 관리하는 분야의 역할이 증대하여 금융 노동자의 비중
과 규모 또한 증가했다.

　　자본 축적을 통한 사회의 재편은 노동이 복잡해지는 과
정이기도 하다. 여기서 중간 관리자인 화이트칼라 계층의 역할
은 필수적이었다. 화이트칼라 계층에도 여러 층위가 존재하지
만 이들은 행정, 사무, 전문직 등에 주로 분포했다. 화이트칼라
의 양적 확대 이후, 1980년대에 들어서면서 조직 시스템의 안
정과 효율적인 관리를 위하여 급여, 승진, 인사 고과 등의 분야
별 규정과 같은 통치 기술이 발달되었다.

　　한편, 반공이라는 대국민 동원 체제 아래 한국 남성의 전
장은 산업 현장이 되었다. 군 가산점제는 1999년 폐지되기 전까
지 공공 기관을 시작으로 일부 민간 기업에까지 확장되었다.[2] 애
초에 남성에게만 주어졌던 신성한 국방의 의무를 이행한 대가
로, 남성들은 더욱 쉽고 빠르게 공적 영역으로 흡수, 안착할 수

있었다. 거대해진 회사는 국가의 지원과 동시에 군인들을 대거 유입해 군사 정신이 투철한 노동력이라는 이득을 얻게 된다. 개인의 희생이 정당화되는 군사적 집단 윤리를 가진 구성원이 많아질수록, 회사는 국가와 더욱 긴밀한 상징체계를 동원함으로써 엄격한 위계에 의한 명령과 복종, 회사의 목표를 위해 헌신할 수 있는 조직 문화를 형성했던 것이다.

파스토Fasteau는 저서《더 메일 머신The Male Machine》(1974)에서 사회의 공적 영역을 담당한 남성들을 '기계형 남성'이라고 명명했다. 기계형 남성이란 산업 사회의 이상적 남성상으로, 업무와 관련된 범위에서 장애물을 극복하려 하고, 공격적이며 목표에 대해 승리 지향적인 인간이다. 이들은 자신과 관련 없는 일에 의해 흔들리지 않고, 다른 기계형 남성과 내밀한 관계를 맺지 않는다. 따라서 이들은 자기 자신을 개방하거나 약점을 노출시키지 않으며, 사적인 이야기를 하는 것, 감정을 노출하는 것 등을 여성적인 특성으로 간주하고 이를 거부한다. 여성적인 특성을 드러내는 것은 기계형 남성 사이에서 지는 것을 의미한다. 기계형 남성이 되지 못한 남성은 권력의 훈육 중심 체제 속에서 처벌받는다. 기계형 남성은 공적 영역에서 개인의 행동을 비교하고 구별 짓고 서열화하여 동질화하거나 배제해 버린다. 이른바 '정상화'라는 미명하의 권력에 종속된 존재이자, 이 권력을 재생산하는 존재가 된다. 처벌과 정상화의 장치는 구조와 개인이 연결되는 지점으로서, 근대 국민이자 시민의 능동적인 복종을 이끌어 낸다. 하지만 조직이 기계형 남성에만 의존하게 된다면, 조직 내부는 구성원 간의 경쟁이 과열돼 와해될 소지가 크다.

결국, 회사인간은 기계형 남성을 훈육하기 위해 헌신해야 할 대상 혹은 맹목적으로 추구할 가치를 만들어 내야 했던 전형적 근대 조직에 필요한 인간상이었다. 회사는 능력에 따라 임금의 상승폭이 크게 달라지는 전략을 채택함으로써 능력 있는 자는 직무와 관계없이 승진하는 것이 가능하고 임금도 오른다는 기대감을 형성하고, 구성원은 주어진 최소 기준에 머무르기보다 회사 내에서 인정받기 위해 더욱 순응적으로 경쟁하는 체제에 돌입하게 되었다. 기계형 남성은 도태되지 않기 위해, 회사인간은 회사에서 제시한 목표를 달성하기 위해, 구성원 간의 친목과 경쟁을 반복하면서 자발적으로 회사에 순응하게 된다.

조직에 최적화된 노동자

기계형 남성이 회사 내 구성원과의 경쟁 관계를 포함한 성공 지향적 인간이라면 회사인간은 회사의 가치를 자신에게 내면화한 형태라고 할 수 있다. 회사인간이라는 용어는 윌리엄 화이트William H. Whyte가 1950년대 미국 사회의 조직에 충실했던 화이트칼라를 지칭하는 표현으로 '오거니제이션 맨organization man'[3]을 제안하면서 처음 등장했다. 이후 서구 자본주의 조직 구성원들의 개인주의적 성향이 위기를 초래한다는 비판 아래, 조직에 순응적인 일본식 형태가 서구 조직 문화의 대안으로 각광받으면서, 회사인간이 다시 주목받게 된다.

일본의 사회학자 오사와 마리大沢真理는 저서《회사인간 사회의 성性》에서 회사인간의 등장 배경을 '일본형 기업 사회'라고 지적한다. 일본형 기업 사회란 국민의 대다수가 기업의 틀 속에서 생활하고, 기업의 영향이 없이는 각자의 생활과 권리를 생각할 수 없는, 기업이 국민의 대다수를 지배하는 사회다. 오사와는 일본형 기업 사회가 인격권을 심각하게 침해한다는 주장과 함께, 승진 등 조직 내 성공만을 중시하는 회사인간의 일원적인 가치관과, 그 이면에 생겨난 법과 정의의 경시, 국제 문제 및 사회 문제에 대한 무관심을 지적한다. 동시에, 기업의 구성원에 대한 장시간의, 광범위한 구속과 조직적인 낭비 및 비효율, 남편과 아버지의 부재로 대표되는 가정생활의 왜곡, 나아가 주거와 교육을 포함한 생활 전반이 기업에 의존하는 현상을 초래한다는 점을 들면서 일본의 고도 성장기에 나타난 기업 중심 사회와 행위자인 회사인간의 문제를 제기했다.

한국에서는 회사인간이 학술적인 용어로 등장하지는 않았다. 다만, 1985년 동아일보가 총 28회에 걸쳐 '30대 회사인간'이라는 주제로 특집 기사를 실었던 것을 발견할 수 있다. 회사 생활을 하는 샐러리맨(화이트칼라)의 인터뷰와 사례를 통해 조직에서 성공하는 방법을 제시하면서도 이러한 성공을 위해 거대한 조직에서 톱니바퀴처럼 일해야 하는 문제, 학연과 지연의 문제, 기술직의 승진 한계, 회사인간으로서의 강박 등을 지적했다. 80년대 중반에 30대를 보낸 사람들은 전후 베이비붐 세대에 걸쳐 있으면서 70년대 경제 성장기에 말단 사원이었다가 80년대에 중간 관리층으로 접어든 세대다. 기사에 따르면, 이미 80년대 중반에 한국의 대기업을 비롯한 거대 조직은 인사 체증을 겪고 있었으며, 회사인간들은 스스로를 악착같은 일벌레 세대라고 칭하고 있었다.

회사인간은 회사와 자신의 관계를 '신뢰를 기반으로 하는 사회 계약'의 형태로 파악한다. 회사와 개인의 신뢰가 회사의 안정적인 수익과 지속적인 성장에 의한 것이기 때문에, 회사인간은 개인과 조직을 동일시하며 같은 목표를 지향한다는 인식을 공유하게 된다. 정기적으로 임금이 인상되는 안정적인 일자리이자 프로테스탄트적인 개인의 소명 의식이 있으면 성공할 수 있는, 이른바 평생직장은 회사인간의 이상적 일터였다.

회사에 입사한 회사인간들은 회사 특유의 조직 문화에 의해 본격적으로 정체성을 형성하게 된다. 회사는 이들에게 소속감을 제공하는 한편, 관리 운영 규정Standard Operating Procedure:

SOP이나 인사 고과 등을 도입, 발전시켜서 자발적으로 최대한의 업무 수행 능력과 최소한의 반反조직적 행동을 유지하도록 통제한다. 국가적 차원에서 회사인간을 동원하는 기제는 경제 성장의 성과와 자아실현을 연결시키는 것이었다. 한국의 경우, 경제가 급성장한 군사 정권 시기, 기업에서 군 가산점제가 가장 활발하게 활용되었고, 군 장교 출신이 우대를 받았다. 기업의 관리자들은 직원들을 평가하고 승진시키는 과정에서 군대의 방식을 모방했고, 회사인간은 군인이 국가에 충성하듯 회사에 충성해야 하는 당위성을 내면화했다. 이는 조직의 목표를 달성하기 위해 움직이는 하나의 유기체로서의 집단주의를 가능케 하는 것이었다. 따라서 회사인간은 회사와 자신을 동일시하며 회사의 성장이 곧 자신의 성장이라는 믿음, 즉 승진 같은 조직 내 성취만을 중시하는 일원적인 가치관을 가지고 있는 사람으로 만들어졌다.

회사는 직원들이 자발적으로 회사인간이 되도록 국민이라는 범국가적 가치를 동원했다. 민족중흥론에 입각해 과거 일본으로부터 유린당한 국치에서, 국토 분단의 비극, 전쟁으로 인한 파괴에 이르기까지 혼돈과 빈곤으로 점철된 격동의 시기를 함께 극복해 나가자는 것이었다. 현재와 과거에 대한 부정적 인식으로서의 '쇠락한 현재'를 만들어 냈던 것이다. 이는 어린 시절 전쟁의 상처가 복구되지 않은 환경에서 자란 베이비붐 세대를 동원하기에 효과적인 전략이었다. 이런 전략하에서, 국가는 쇠락한 현재라는 불행을 극복하기 위해 국민의 힘이 필요하기 때문에 생산적인 국민을 만들어야 한다는 논리를 전개했다. 이에 따라 국민 총생산GNP 등 생산성을 측정하기 위한 지표들이 제시되었다. 근면, 자조, 협동 등을 중시하며 '우리도 한번 잘살아 보세'를 외치던 새마을운동은 우리가 열악한 지금의 생활 조건을 인내하여 헌신적으로 일하면 국민 경제가 발전할 것이라는 믿음을 심어 주기 위한 것이었다. 여기에 더해 한강의 기적은 국민을 동원하는 수단으로 작용했다. 국민 소득 1만 불 달성은 국민들이 힘을 합쳐 쇠락한 현재를 극복해 냈다는 성과로 받아들여졌다.

국민의 자발성을 촉진하는 전략 한편에는 국가가 물리력을 동반한 훈육을 통해 국민을 만들어 내는 방식도 있었다. 반공의 기치 아래, 사람들은 국민이라는 집단이 되어야 했고, 이는 폭력적인 정상화 작업이었다. 민주화 과정에서도 이 같은 집단적 목표 의식, 성취 의식이 읽힌다. 군사 정권의 강압적인 통치 시스템이 작동하는 과정에서 국민의 민주주의에 대한 열망은 컸다. 결국 권위주의 정권의 몰락은 한강의 기적과 더불어 국민이 함께 성취해 낸 또 하나의 성공 신화였다. 개인은 이러한 성공 신화를 자신의 삶과 연결시켰다.

회사인간의 사회적 기반이 한국의 경제 성장기 기업 중

심 사회의 가부장적 질서에 의해 형성되었다면, 연공서열제와 종신 고용은 회사인간이 안정적이고 자연스럽게 계층적, 경제적 기반을 형성하는 데 필요했던 장치라고 볼 수 있다. 회사는 사택, 아파트를 비롯해 보험, 각종 수당, 자녀 학비와 같은 기업 복지를 제공하면서 이들이 경제적 자원을 더욱 안정적으로 확보할 수 있도록 했다. 직원 개인이 아닌, 직원이 부양해야 할 가족을 기준으로 삼은 임금 규모는 가족에게는 내조를 독려하고 회사인간에게는 더욱 회사에 충성할 것을 요구했다.

하지만 이러한 회사인간의 가치는 크게 세 가지 문제점을 안고 있었다. 첫 번째는 승진 등 조직 내의 성공을 중시하는 일원적인 가치관으로 인한 법과 정의의 가치를 경시하는 것이다. 조직을 위해 비합법적인 일들을 서슴없이 행하고도, 행위의 결과가 직접적으로 드러나지 않는 구조 속에서 죄책감을 느끼지 않는 경우가 발생했다. 흔히 화이트칼라 범죄라고 일컬어지는 유형이 등장하는 배경이다.

두 번째로 지나친 집단주의와 정상화 기제는 회사인간들을 일 중심 사회의 핵심적 존재로 만든다. 일 중심 사회에서 공적 영역으로의 과도한 귀속은 회사인간들의 과로사 문제를 발생시킬 뿐만 아니라 가정으로부터의 극단적 분리를 가져오게 된다.

세 번째는 회사에 대한 과도한 의존성이다. 회사인간

은 퇴직과 같이 공식적으로 회사를 벗어나게 되는 상황에 직면했을 때, 정체성 상실로 인한 혼란을 겪게 된다. 조직의 일부에서 개인이 되어 버린 회사인간들은 이러한 문제를 개별적으로 직면한다. 공적 세계에 있던 회사인간은 공적 공간이 없는 상황 속에서 혼란을 겪게 되고 낯설어진 가정에서는 갈등을 겪게 된다.

관리자, 상급자, 리더 그리고 퇴직

엘리트 노동력이었던 남성 화이트칼라들이 성공 신화를 개인의 서사로 구성하는 일은 어렵지 않았다. 고등 엘리트 교육은 초고속 승진을 뒷받침했고, 조직 내 경쟁과 이를 통한 승승장구는 일할 맛을 느끼게 해주는 것이었다. 동시에, 열심히 일할수록 가정과의 연결 고리는 약화될 수밖에 없었다. 구성원들 간에는 기계형 남성이 되고, 회사에 충성하는 회사인간이 되었을 때 어쩌면 임원의 위치까지 노려볼 수 있다는 꿈이 있었다. 이들은 최소한 한 조직 내에서 의사 결정을 주도하거나 영향을 미칠 수 있는 사람들이었고, 조직이 가져다준 지위는 곧 스스로가 잘 살아왔다는 증거였다. 다만 이들은 위계가 중시되던 시기에 조직 내에서 충실하게 생활했던 사람이었기 때문에 상급자가 되어 갈수록 직책에 대한 권위를 자연스레 습득해 나갔다.

회사 내 직책이 높아질수록, 이들은 리더라는 인식을 공유하게 되었다. 작은 팀의 장부터 부서장을 거치면서 다른 리더들과의 의사 결정을 통해 업무 방향을 설정하고 구성원에게 명령하면서 정해진 목표를 달성해야 하는 위치에 익숙해진다. 군사적 문화가 강한 조직일수록 리더는 명령이 가장 효율적인 수단이라는 결론을 얻게 된다. 명령을 성공적으로 수행한 이에게 포상을, 사기가 떨어진 구성원들을 위한 도구로 회식을 사용하는 것은 오늘날에도 크게 낯설지 않다.

이들을 수세로 몰았던 첫 번째 사건은 1997년 IMF 구제 금융 사태였다. IMF 사태는 한강의 기적을 일궈 낸 사람들이 겪은 전사회적 위기였다. 몇 년간 지속되던 경제 위기가 대대적 구조 조정과 기업 간 인수 합병으로 이어졌고, 그동안 유명무실했던 인사 고과는 합리적인 인사 근거 자료가 되었다. 과거와는 달리 조직 내의 상급자, 연장자의 경험이나 연륜, 지혜는 중요하지 않았다. 성과와 이윤을 내야 하는 상황에서 이들은 더 이상 비용을 지불하면서 유지해야 하는, 시스템에 필요한 자원이 아니었다. 따라서 정리 해고의 최우선 순위는 연공서열에 따라 가장 임금을 많이 받는 고위직 종사자들이었다. 정년 보장을 믿었던 고위직 화이트칼라들은 언제 책상이 사라질지 모르는 불안에 떨어야 했다. 일터에서 물리적으로 떨어져 나온 이들은 정리 해고의 충격과 함께 가장으로서의 책무를 충분히 이행하지 못하는 죄책감에 시달려야 했다. 늦은 나이에 재취업이 어렵다는 점과 일터에서의 사회적 관계가 더 이상 유지될 수 없다는 점은 물론, 가족 부양이라는 사회적 역할 또한 이들에게는 위기였다. 1997년부터 본격적으로 진행되었던 대량 해고를 비롯한 노동 유연화는 사회적 긴장과 불안을 고조시켰다. 소설《아버지》의 등장과 같이 고개 숙인 가장들을 치유하려는 분위기가 조성된 것도 이 시기였다.

2008년 미국발 서브프라임 모기지 사태로 인한 세계 경제의 위기는 한국 사회에 다시 한 번 큰 타격을 입혔다. 대량 해고와 외주화는 더 이상 위급할 때나 쓰는 특단의 조치가 아니었다. 따라서 조기 퇴직은 더 이상 이슈가 되지 못하고, 평생직장이라는 말은 완전히 그 의미를 상실했다. 한때 한강의 기적을 일구어 냈던 사람들은 언제라도 조직이 자신을 버릴 수 있다는 리스크를 감당할 준비를 해야 했다.

2017년 통계청 발표에 따르면, 은퇴 전후의 핵심 인구층인 베이비붐 세대는 우리나라 총인구의 약 14퍼센트, 서울 인구의 32.7퍼센트를 차지하는 거대 집단이다.[4] 하지만 증가하는 베이비붐 세대 퇴직자들의 퇴직 이후의 삶은 만족스럽지 않다. 자영업자가 되어 다시 경제 활동 인구로 편입되는 경우가 많다. 고용정보원은 이 같은 현상의 주된 원인으로 베이비부머의 노후 준비가 미흡하다는 점을 꼽았다.[5]

두 번의 경제 위기를 거치면서 회사인간이었던 사람들은 기업이 '노동자와의 상호 신뢰에 기초한 계약' 이행 의무를 저버리는 현실, 자본의 유동성 증가로 국가의 의미가 희석된 상황으로 인해 혼란을 겪게 된다. 퇴직 이후, 기업에 배신감을 가지면서도 스스로 그 기업 출신이라는 정체성으로 자신을 설명하며, 이 정체성을 통해 퇴직 이후 사회적 관계를 형성해 가는 과정은 정체성 혼란과 기업에 대한 태도의 모순을 잘 보여 준다.

퇴직자의 서사는 이들의 상황 변화에 대한 대응 방식을 읽어 낼 수 있는 일종의 문화적 텍스트다. 이를 통해 퇴직자들이 자신을 재현하는 방식을 살펴봄으로써 이들이 스스로에 대해 어떠한 이미지를 내면화하고 있는지, 자신에 대한 부정적 고정 관념을 어떻게 극복 또는 회피하려 하는지를 이해할 수 있다.

이 책에는 몇몇 유형의 회사인간이 등장한다. ①정년퇴직을 경험한 50대 후반의 베이비부머이고, ②화이트칼라 출신이며, ③중산층[6] 가정의 가장이라는 조건에 충족하는 사람들이다. 현재 퇴직이라는 '사건'을 겪는 가장 큰 집단으로서 기성세대 남성은 회사라는 조직 안에서 성장해 왔다. 따라서 이들이 충분히 회사인간으로서의 정체성을 형성하고 있다고 판단했다. 이들은 정년 및 명예퇴직 제도를 통해 자발적 또는 비자발적 퇴직을 경험한 사람들이다. 자신의 생애를 구성해 온 조직에서 떨어져 나온 이들은 조직에서 구성된 자기 자신이 조직 밖에서는 제대로 작동하지 않는다는 것을 깨닫고 적응을 시도한다. 하지만 퇴직 이후에는 회사와 같이 공식적이거나 큰 조직에 소속되기 어렵기 때문에 개별적으로 적응하는 것에 어려움을 겪을 가능성이 높다.

책에 등장하는 인물들의 특징을 크게 다섯 가지로 구분하면 다음과 같다. 첫 번째로 이들의 공통점은 1950년대 초반에서 중반에 출생했다는 점이다. 베이비붐 세대가 50대 중반에 접어들게 되면서 이들의 퇴직이 본격화 및 증가하고 있다는 점과, 고용노동부 발표를 기준으로 한 기업 평균 정년이 56.8세라는 점을 감안했다. 50대 중후반이 퇴직의 경계에 있다는 점을 고려하면, 이들은 퇴직을 과거의 지나간 일이 아닌 현재의 사건으로 여김으로써 자신이 처한 현실을 충실한 언어로 설명해 낼 수 있다. 또한 일할 수 있는 몸이 남아 있기 때문에 노년으로 진입한 이들의 은퇴와 삶에 대한 태도와는 다른 입장을 갖고 있을 것이다.

두 번째로 이들은 모두 화이트칼라 출신들로서 각 조직에서 고위직을 수행한 사람들이다. 화이트칼라는 중간 관리자로서 사무직에 종사하던 회사인간이었으며, 조직 생활을 통해 사회적 지위와 관계를 쌓을 수 있었던 사람들이다. 참여자들은 주로 금융업 종사자들이나 그 외에도 공무원, 건설 회사, 교사, 자동차 부품 회사 등 당시 성장하던 사업 분야 혹은 안정적인 직종의 종사자들도 있다. 이들이 약 30년간 몸담았던 회사는 공적 영역인 동시에 남성성이 강하게 자리 잡고 있는 공간이다. 이들을 통해 근대화와 경제 성장이라는 시대적 상황이 회사인간 형성에 미친 영향을 살펴볼 수 있을 것이다.

세 번째는 학력의 구분이다. 상업고등학교 출신은 졸업 후 어린 나이에 바로 직장 생활을 경험하게 됨으로써 조직 문화를 내면화할 가능성이 더 높다. 반면, 대학 졸업자들은 엘리트이면서도 대학 시절 학생 운동 등의 경험을 직간접적으로 가지고 있다. 조직 문화에 적극적으로 편입되기보다는 비판적 거리를 유지할 수 있는 관점과 위치를 확보하고 있다고 볼 수 있다.

네 번째로 현재 직업의 유무에 따른 차이가 있다. 현재의 직업은 참여자들이 과거의 직업이나 직책이 갖는 의미를 반추하게 한다. 자신을 둘러싼 환경의 변화에 대응하는 방식을 살펴볼 수 있는 핵심적인 조건이라 할 수 있다. 예컨대, 휴직 중인 사람과 재취업한 사람은 퇴직 이후의 자신을 재현하고 합리화하는 방식에서 차이를 보일 것이다.

다섯 번째로 퇴직 이후의 기간 차이다. 퇴직으로 인한 변화에 적응하는 데에는 시간이 소요되기 때문에 이 기간이 퇴직자들의 심리적 안정성이나 재취업 의지, 혹은 가정 안에서의 적응 양상에 영향을 미치는 것으로 보고 기준을 설정하였다.

이 책은 퇴직자 10인의 적극적인 도움으로 완성될 수 있었다. 이 책의 완성에 도움을 준 이들에 대한 간략한 소개는 다음과 같다.

A는 지방의 다소 부유한 집안에서 성장하여 대학을 마치고 은행에 입사해 지점장까지 안정적으로 승진하며 만 56세에 직장 생활을 마무리했다. 서울 소재 상과대학을 나와 은행 내에서도 엘리트 대우를 받으며 승승장구했던 그는 좋은 학력을 조직 생활에 적응하기 쉬웠던 이유로 꼽는다. 퇴직 이후 경제적으로 안정적인 삶을 지향하지만 동시에 사업에 대한 동경을 갖고 있다. 미디어에서 전개되고 있는 퇴직자 담론에 부정적인 시각을 갖고 있으며, "벌이가 없는" 가장으로서의 책임감과 부담감을 느끼고 있다.

B는 A와 회사 선후배 사이다. 그의 집은 넉넉한 편은 아니었지만 열심히 공부해서 은행에 들어갈 수 있었다. 동생들이 많았기 때문에 대학 진학을 포기하고, 남들보다 몇 배는 열심히 살아야 했다고 자신의 생애를 되돌아보았다. 그 또한 A와 마찬가지로 리스크 테이킹risk-taking보다는 안정적인 삶을 최우선으로 하고 있다. 퇴직에 의한 상실감이나 더 일할 수 있었다는 아쉬움을 가지고 있지만 현재 상황에 적응하는 것에

더 중점을 두고 있다. 조직 생활에서의 고충보다는 큰 조직의 일부로 생활했다는 것에 대한 자부심과 만족감이 있었으며, 그 이유는 조직이 가지고 있는 힘을 개인이 이용할 수 있기 때문이라고 보고 있다.

C는 현재 정년퇴직을 1년 앞둔 상태다. "열악하고 비참한" 상황에 처해 있는 주변 지인들의 경우를 예로 들며 퇴직한 중년 남성들이 사회적인 문제가 되고 있다는 것을 인식하고 있다. 하지만 다른 참여자들이 퇴직 이후의 삶을 살고 있는 반면 C는 아직 현직에 있기 때문에 사회 문제로서의 퇴직자는 자신의 일이 아니라는 태도를 가지고 있다. C는 대기업 출신이지만 30대부터 50대 초반까지 미국과 유럽 등에서 재정 설계와 국내 기업의 해외 진출을 돕는 컨설팅 분야에 종사해 왔기 때문에 스스로를 일반적인 국내 대기업의 회사인간과는 달리 특수하고 개별적인 경험을 가진 사람으로 생각하고 있었다. 장기간의 해외 근무로 인해 국내 본사의 회사 동료보다는 대학 시절부터 알고 지낸 동기, 동아리 선후배와 친밀한 관계를 형성하고 있었다.

D는 서울 소재 대학을 졸업한 후 ㄱ자동차 회사에 다녔지만 정년을 2년 앞둔 상태에서 명예퇴직했다. 1997년 IMF 사태 이후 정리 해고 순위에 있었지만 그는 이런 위기를 스스로 극복했다고 보고 있다. 퇴직 당시에는 큰 부담을 느끼고 있

지 않다가 퇴직하고 나서는 마음대로 되는 일이 없다는 점이 불편하다고 말한다. 하지만 현재의 생활 규모를 조정하면 경제적 위기를 극복할 수 있을 것이라고 이야기한다. 회사 생활 동안 좋은 실적을 올려 해외 연수 프로그램에 여러 번 선발된 것이 자랑스러웠던 반면 가정에 충실하지 못했음을 미안해하고 있었다. 그럼에도 자녀와의 관계는 원만한 편이었다. 다만, 퇴직 후 가족들과 함께할 시간이 많을 것으로 기대했으나 자신의 재취업과 자녀들의 경제적 독립 이후 가족들이 모일 일이 없다는 점에서 외로움과 안타까움을 느끼고 있었다. 퇴직 이후에는 "용돈벌이"로 식당에 나가 일을 하고 있었다. 벌이가 많지 않더라도 몸을 써서 일하고 보상받을 수 있다는 것에 만족하고 있었다.

E는 입사 후 승승장구하여 임원직까지 수행한 경력의 소유자다.[7] 퇴직하기 전에는 주도적으로 일을 했다기보다 회사에서 정해진 일정표에 따라서 기계처럼 일했다. 현직에 있을 때는 주로 마케팅, 전략 기획을 담당하며 해외 법인에서 근무했다. 이러한 경험을 퇴직 이후에 활용하여 지인 30명과 중소기업 및 직장인 멘토 프로그램을 운영하는 ㅎ이라는 회사를 차렸다. ㅎ이 하는 일은 서울시에서 예산을 받는 재무 교육, 컨설팅, 센터 운영 등의 업무다. 2010년에 퇴직한 후 자문역할을 비롯한 많은 일을 하고 있지만, 재직하는 동안 새벽부

터 자정까지 일을 했던 것에 비하면 유연하게 시간을 사용할 수 있다는 점에 만족하고 있다. 퇴직 직후 대중교통 이용부터 시작하여 서류 작성, 발표 자료 작성 등 기능적인 업무를 직접 해야 한다는 점에서 불편함을 느꼈으나 스스로 빨리 적응한 편이라고 평가한다. 그는 자신이 경쟁을 즐기는 편이라고 설명하며 이를 통한 성취, 경험 등의 가치를 중요하게 생각한다. 따라서 그에게 퇴직은 경험을 통해 적응할 수 있는 사건이다. 그동안 가정에 소홀했기 때문에 차근차근히 가사를 분담하려고 노력하는 중이다.

F는 공무원 생활을 하다가 퇴직한 이후 모 대학 산학 협력 기관에서 준공무원 생활을 하고 있었다. 퇴직 이전과 업무가 크게 다르지 않고 자신이 상대해야 하는 공무원들이 후배들이기 때문에 일에 의한 스트레스보다는 이전에 자신이 경험한 톱다운 방식의 위계질서, 권한에 대한 상실감을 갖고 있었다. 경쟁에서 졌다는 점, 더 높은 자리에 오를 수 있었다는 아쉬움을 느끼면서도, 이를 연봉으로 보상받고 있다고 생각하면서 견디는 중이었다. 공무원 생활에 대한 자부심이 있지만, 퇴직 이후 공무원으로서 지켜야 할 윤리적 책임감이 덜해졌다는 점에서는 해방감을 느끼고 있다.

G는 ㅅ은행에 근무했으며 정년보다 2년 먼저 퇴직했다. 그는 기존에 다니던 은행의 인수 합병 과정에서 정리 해고 위

기가 있을 때 살아남았으며, 합병 이후에도 업무 스트레스를
많이 받았지만 각종 성과를 내면서 포상을 받는 등 성공적인
회사 생활을 한 것에 자부심을 가지고 있었다. 또한 스스로를
취직부터 승진까지 "행운을 받은" 세대라고 표현하고 있었
다. 취직 당시에는 후배들보다 쉽게 취직했고, 정리 해고 때
는 선배들이 주요 대상이었기 때문이다. 퇴직 이후에는 요양
원을 차리기 위하여 사회복지사 1급 자격증을 준비 중이며,
이를 위해 성당에서 자원봉사를 하고 있다. 퇴직금과 그동안
의 저축으로 생활하고 있고, 자녀와 친구처럼 지내는 것으로
가정에 대한 소홀함을 극복하고자 한다.

H 또한 ㅅ은행 지점장 출신이다. G와 마찬가지로 정년
보다 약 4년 일찍 명예퇴직을 했다. 조직 내에서 맡은 역할에
충실했기 때문에 회사에서 주는 포상 교육까지 받을 수 있었
지만, 은행의 업무 성격에 대한 회의, 조직 구성원들과 함께
있을 때 느꼈던 문화와 성격 차이로 인해 모기업에 대한 애착
은 거의 없는 경우에 속한다. 화이트칼라지만 자신의 정체성
을 기업에 두고 있지는 않다. 온전한 회사인간으로만 볼 수 없
는 경우다. H는 현직에 있을 때 직장 생활의 스트레스를 답사
여행으로 해소했으며, 차츰 영역을 넓혀서 회사 내 동우회 활
동을 10년째 이어 오고 있다. 이를 인정받아 퇴직 후 회사에
서 동우회 사무국장을 맡게 되었지만, 회사 내 관계보다는 대

학 모교의 학과 모임이나 ROTC 동기 모임에 강한 애착을 가지고 있었다. 모기업의 이익 집단화, 개인주의적이면서도 교양 없는 조직 문화에 부정적인 관점을 가지고 있다. 퇴직 후 자신이 하고 싶었던 답사 일을 만족할 만큼 하고 있기 때문에 퇴직을 해방이라고 느끼고 있었다.

I는 단자 회사short-term investment finance company[8] 출신으로 금융 채권 전문가이다. 퇴직 후 IT 회사에서 전산 업무 설계를 하다가 현재는 벤처 회사에서 고문직을 맡고 있다. 자녀를 줄곧 강남에서 교육시켰고, 현재 1남 1녀 중 딸의 유학비를 감당하기 위해 대출을 받고 있다. 그렇기 때문에 자녀 교육비에 대한 부담감을 가지고 있다. 동시에 노후 자금에 대한 막막한 마음을 "산 입에 거미줄 치랴"라는 말로 대신할 만큼 막연함을 보이기도 했다. 이는 그가 인터뷰 내내 실속을 강조하는 이유이기도 했다.

J는 교직 공무원 출신으로 중학교 교장직을 마지막으로 퇴직했다. 교육 관련 상담일을 하고 싶지만 아직은 적합한 일을 찾지 못하고 있다. 우선은 일자리지원센터에서 주기적으로 간단한 전화 상담 업무 등을 하고 있는 상태다. 퇴직한 지 몇 개월 되지 않았기 때문에 교사들 간의 네트워크가 유지되고 있는데, 학교 기관의 비합리성을 자신이 해결할 수 있다고 생각하고 있었다. 고등학교 진학 이후부터의 삶에 대해 말할 때 연

도와 날짜를 정확하게 떠올릴 정도로 기억력이 좋았다. 부부 간의 관계는 소원했으며, 두 딸과는 친밀성을 유지하고 있다.

참여자들의 출신 직업은 금융업 6명(A, B, C, G, H, I), 일반 기업 2명(D, E), 공무원(교직 포함) 2명(F, J)이다. 1명(C)이 곧 은퇴를 앞둔 재직 상태이고 6명(B, D, E, F, H, I)이 재취업 상태이다. 3명(A, G, J)은 휴직 상태인데, 이 중 1명(G)은 개인 사업을 준비하는 중이다. 다른 1명(E)은 지인들과 함께 사업을 시작했다. 나머지 1명(A)은 법정 연금 수령을 1년 남겨 두고 있어 다시 경제 활동을 할 생각이 없다. 따라서 아직 현직에 있는 1명을 제외하면 9명이 퇴직한 사람들이다.

출근이 사라진 시간

퇴직자는 탈조직화하여 새로운 생활 세계와 조우하게 된다. 퇴직은 여전히 공적 존재로서의 정체성을 갖고 있는 퇴직자가 낯선 환경에 처해 있음을 깨닫는 순간이다. 이들은 자신이 당연하다고 여겼던 것들이 더 이상 유효하지 않다는 것을 깨닫게 된다. 매일같이 출근하던 공간이 사라지고 규칙적으로 생활했던 일과를 이제는 어떻게 보내야 하는지 혼란을 겪는다. 당연히 친밀하고 익숙할 것이라고 생각했던 가정은 낯설게만 느껴진다. 여전히 회사와 관련된 공적 관계망 안에 있으면서도 공적 존재가 되지 못하는 모순적인 상황에 놓이게 된다. 이들이 낯설음을 느끼는 상황들을 통해 회사인간이라는 공적 존재가 생활하던 구체적인 모습을 반추해 볼 수 있다. 새로운 상황에서의 갈등에 대응하는 태도는 이들이 회사 안에서 습득해 왔던 삶의 방식을 보여 준다고 할 수 있다. 낯선 변화를 마주하게 되면서 퇴직자들은 자신의 일과를 재구성하고 새로운 공적 공간을 만들어 나간다.

가장 먼저, 회사에서 가정으로의 생활 공간 이동은 공간에 매여 있던 시간 구조의 변화를 가져온다. 회사인간은 과학적 관리와 관료제적 통제하의 체계적인 시간 구조 안에서 생활해 왔다. 노동의 과학화라고 불리는 노동 시간 통제의 시스템은 1980년대 산업 구조의 고도화 과정에서 늘어나는 화이트칼라 사무직의 노동을 양적, 질적으로 측정하기 위한 목적이었다. 사무 자동화를 비롯한 기업의 노동 생산성 향상 전략은 이들의 생활에 깊게 스며들어 있었다.

여기 퇴직자 A가 있다. 그는 은행에서 지점장까지 안정적으로 승진하며 만 56세에 퇴직했다. 퇴직 이전의 직장인 A의 일과를 들여다보자. A와의 인터뷰를 통해 재직 당시의 일과를 재구성했다.

A는 아침 6시에 자동적으로 일어나 잠을 깨기 위하여 신문을 읽는다. 무슨 일이 있어도 아침 식사는 거르지 않는다. 7시 반이 되기 전까지 TV를 틀어 놓는다. 회사까지 40여 분이 소요되지만 넉넉하게 1시간으로 생각하고 출근 버스에 오른다. 8시가 조금 넘은 시각에 회사에 도착하면 이미 출근해 있는 직원들의 인사를 받고 지점장실로 들어간다. 부지점장과 가볍게 커피를 마시면서 오늘 할 일을 체크한다. 그가 하는 일은 주로 VIP 고객 관리다. 자신이 관할하는 지역의 전문직 종사자들이나 규모가 있는 자영업자들의 예금을 관리하고 이들이 거래를 이어 가도록 친밀함을 유지하면서 각종 서비스를 제공해야 한다. 적게는 수천만 원에서 많게는 수억 원의 현금을 거래하는 이들은 실적 관리에 필수적인 고객들이다. 결재할 일이나 창구 직원의 권한으로 해결할 수 없는 일들을 확인해

주고 나면 VIP 고객들을 만나 점심 식사를 한다. A는 입소문으로만 알려져 있는 주변 맛집들을 꿰고 있다. 음식점 사장들은 자주 와서 비싼 메뉴를 먹는 A를 잘 알고 있다. A는 혹시나 퇴직 후에 음식점을 하게 될지도 모른다고 생각해 음식점 사장들과의 관계를 돈독히 하고 있다. 가끔은 이런 음식점을 하려면 얼마가 드는지 넌지시 물어본다. 아니면 농담 반 진담 반으로 퇴직 후에 음식점을 같이 하자고 이야기한다. 점심 식사는 별일이 없으면 오후 1시를 넘기지 않는다. 다른 고객이 와 있을 수도 있고, 지점은 본사와는 다른 현장이기 때문에 예상하지 못한 상황이 발생할 수도 있다.

실적에 대한 압박은 지점장도 벗어날 수 없다. 지점 예금 실적은 기본이고 금융 상품의 추가적인 판매가 필수적이다. 상품 가입자와 모바일 뱅킹 가입자를 늘려야 한다. 창구 직원들을 압박하는 방법을 쓰기도 하고 가족들까지 동원해서 가입을 권하기도 한다.

오후 업무가 끝나면 결산으로 하루 업무에 대한 내용을 확인한다. 특별히 회식이라고 부를 만한 자리가 없다면 부지점장과 술을 마시거나 다른 지인들과 술을 마신다. 그가 기억하기로 입사 초기의 은행은 매일같이 술을 마시는 직장이었다. 지금도 그때 버릇이 남아서 술을 찾는다. 요즘은 직장 문화가 많이 바뀌어서 직원들에게 술을 권하기도 눈치가 보인다. 예전에는 다 같이 늦게까지 술을 마시고 다음 날 일찍 나오는 사람이 살아남는 사람이었다. 술자리는 직장 생활의 각오와 사람됨을 평가하는 장이었다. 그런데 이제는 다음 날 업무에 지장이 생길 정도로 술자리를 오래 끌면 안 될 뿐더러 그렇게 했다가는 눈치 없는 직장 상사로 낙인찍힌다. 리더로서 그런 불명예를 안고 퇴직을 맞이할 수는 없는 노릇이다.

줄어든 직원 수도 지점장의 위상을 떨어뜨려 놨다. 지금은 한 지점의 직원 수가 예전의 절반으로 줄었다. 컴퓨터가 도입되면서 많은 부분이 자동화된 탓이다. 과거 지점장들은 많은 인원을 직접 통솔한다는 자부심과 권위가 있었다. 그런데 지금은 지점장이 오히려 직원들에게 좋은 이미지를 심으려 애쓰는 처지가 됐다. 권위와 자부심은 옛날 얘기처럼 느껴진다. 부지점장 정도 되는 옛날 사람이어야 A와 코드가 맞는다.

퇴근 후 술자리가 없을 때는 실내 골프장에서 연습하면서 골프 감각을 유지한다. 주말에 다니는 골프는 누군가와 의도적으로 관계를 맺기 위해서라기보다 친구나 가까운 지인들과의 관계를 다지기 위한 목적이 더 크다. 골프는 A의 몇 안 되는 취미 활동 중 하나다.

귀가 후에는 뉴스를 틀어 놓고 각종 명세서를 확인하거나 신문에 연재되는 골프 관련 팁을 스크랩한다. 자녀들은 모두 방에 들어가서 각자 할 일을 한다. 부인과 함께 드라마를 보면서 요즘 자녀들이 어떻게 생활하는지 전해 듣는다. 아들은 취업 준비를 위해 학원을 등록했고, 딸은 요즘 직장 생활이 바빠서 얼굴 보기가 힘들다고 한다. 이렇게 몇 마디를 나누다가 잠이 든다. 아침이면 또 다시 뉴스를 틀고 출근 준비를 한다.

A가 퇴직 전 하루 일과에서 가장 비중 있게 설명했던 부분은 당연하게도 회사 생활이었다. 회사에서 어떤 업무를 하고 누굴 만났는지, 그리고 어떤 의도에서 어떤 행동들을 했는지 상세히 설명했다. 그의 업무에서 가장 중요한 부분은 지점의 실적 관리를 위한 활동들이었다. 그는 공적 관계의 사람들을 만나고, 그들과 식사를 하고 대화를 나누었다. 그의 생활이 이루어지는 곳은 회사였다.

A는 출근부터 귀가할 때까지 일 중심 생활 리듬을 유지했다. VIP 고객을 관리하는 것은 실적을 위해 공적 관계를 유지하는 것으로 감정 노동을 필요로 하는 일이다. 음식점 사장과도 장래의 비즈니스를 목적으로 한 유대 관계를 이어 나갈 정도로 A의 식사 시간은 공적 대면 관계로 이루어져 있었다. 리더로서의 자세를 가져야 한다는 압박은 오히려 직원들의 눈치를 살펴야 하는 상황을 유발하고 있었다. 어떤 부하 직원을 특별히 챙겨 준다기보다 문제를 일으키지 않게 해서 불이익을 받지 않는 것이 중요했다. 사무 자동화 이전에는 지점에

할당된 직원 수가 많았기 때문에 많은 사람들을 거느리고 있다는 자부심이 있었다. 또한 은행 지점장은 대출 금리 우대라는 권한을 갖고 있었기에, 부동산 시장과 건설 경기가 활황이었던 1980년대에 사회적으로 대접받는 위치에 있을 수 있었다. 그러나 은행 생활의 꽃이라고 불릴 정도로 권한이 컸던 지점장 자리는 2000년대에 들어 더 이상 권위를 보장해 주지 않는 자리가 되고 말았다.

화이트칼라 조직에 고과 제도가 본격적으로 정착된 것 또한 1980년대의 일이다. 기업의 경영 합리화는 인사 관리 제도의 과학화를 통해 이루어졌다. 고과 요소들에 점수를 부여해서 승진과 같은 조직 내 성장을 합리화하는 도구로 사용하는 것이다. 직원들의 노동 평가 기준이 인성, 자질 등 상급자의 판단에 의한 속인적 요소에서 직무·직능적 요소에 기반한 객관적 척도로 전환되면서, 화이트칼라 직장인들은 상사와의 인간적인 관계보다 회사 조직 자체에 귀속되었다. 다시 말해, 직장 상사가 가지고 있던 인사권의 대부분을 인사 전문 담당부서로 이관하면서 인사권에 대한 원칙과 판단 기준이 구체적 조항으로 명시됨에 따라, 관리자는 회사 전체의 방침에 따르는 수동적인 위치에 놓이게 되었다.

한편, 시간 외 근무 수당의 확대와 기업 내 소모임 지원 확대, 성과에 따른 인센티브제 도입 등은 노동 경쟁을 강화하고 '나이=지위'라는 구도가 성과에 의해 변화될 수 있음을 제시했다. 직원들의 삶에서 회사 외의 영역이 최소화되도록 훈육하는 작업인 셈이었다. A가 술을 찾는 이유도 회사인간으로서 생존하기 위해 적응해야 했던 음주 문화가 내면화된 결과라고 볼 수 있다. 그가 부지점장과 동질성을 느끼는 이유도 비슷한 조직 문화를 겪었기 때문이다. 1980년대 직장에서는 음주 문화에서 살아남지 못하면 소위 '왕따'가 될 수 있었다. 은행뿐만 아니라 건설, 조선업 등 경제 성장기에 큰 축을 담당했던 산업 분야에서 술자리는 필수적인 요소였다. 한국 사회에서 음주 문화를 설명할 때 친교 의례라는 측면을 강조하는데, 친교는 핵심 구성원inner circle으로 진입하는 데 있어 반드시 거쳐야 할 의례로 볼 수 있다. 술자리의 모든 구성원들은 술에 취하는 것으로 낯을 가리는 경계 요소들을 무력화하고 일시적 유대를 형성할 수 있다. 그리고 이러한 유대 관계는 남성들 간의 유대를 구축하기 위한 의례의 성격이 강하고, 경계로부터 벗어난 사람에게 강한 배타성을 갖는다. 남성들 간의 유대는 여성성의 대상화를 통한 조롱, 소비의 형태로 나타나고, 이를 통한 남성성의 강화로 이어진다. 이러한 친교 의례는 남성들 간의 상호 인정과 교류, 융화하고자 하는 의지를 근간으로 삼고 있다.[9]

A가 기억하고 있는 것처럼, A의 직장 중심 생활은 가족

과의 관계를 축소시켰다. 자녀의 소식은 자녀와의 대화를 통해서가 아니라 부인을 통해 들었다. 전해 들은 정보로, A는 가족에 대해 "알고 있다"고 생각했다. 하지만 이는 대상을 이해하고 있다는 것이 아니라 대상에 대한 피상적인 정보를 습득하고 있는 것에 불과했다. 회사에서 보고받듯이 접한 가족에 대한 정보를 바탕으로, A는 가족에게 해야 할 일을 지시한다. 결국 가족들의 일상은 A와 밀접하게 연결되어 있다기보다는 독립적인 영역들로 구성될 가능성이 높다. A의 가정생활은 어떻게 하라는 방향만 제시하고 구체적인 일들은 다른 구성원이 유기적으로 해내면 되는, 직장 생활에 가까운 것이다.

퇴직 후 A는 여전히 TV와 함께 하루를 시작한다. 그러나 더 이상 가야 할 회사는 없다. 한동안은 퇴직한 다른 동료들을 만나거나 동창들을 만나 점심을 먹고 낮술을 마시기도 했다. 재직 당시에 서로 만나기 어려웠던 회사인간들은 퇴직 시기가 되자 비로소 서로 만날 수 있게 되었다. 가족들과 마주치는 기회도 많아졌다. 회사가 축소해 왔던 영역이 갑자기 확대된 것이다.

그러나 퇴직이라는 사건을 핑계 삼아 사람들을 만날 수 있는 시기, 그리고 회사의 압박으로부터 자유로움을 느끼는 시기는 그리 길지 않았다. 회사가 삶의 전부였던 이들은 가야 할 회사가 없는데도 무엇이든 일을 찾아서 해야 한다는 압박을 느끼게 되었다. 정해진 곳에 가서 정해진 일을 하고 자신을 대표하는 직책과 지위를 통해 사람을 만나면서 공적 세계에서 자신의 존재를 확인받았던 이들은 자신의 공적 지위가 과거형이 된 상황에서, 목적이 불분명한 만남과 행동을 하고 있는 것으로부터 서서히 정체성의 혼란을 감지하게 되었다. 생산성 있는 일을 해야 한다는 강박은 이런 비생산 영역의 확대를 불안으로 느끼게 만든다.

생산적인 일을 찾기 위해 막연하게나마 재취업과 창업을 고려하면서 주변 사람들과 얘기를 나누지만, 구체적인 계획은 없다. 대략의 기획 의도를 언급했을 때 자신이 결재해 줄 만한 기획안을 만들어 주는 사람도, 의사 결정에 필요한 정보만을 요약해서 정리해 주는 사람도 이제는 없다. 헛헛한 마음을 안고 한낮의 카페에 앉으니 자신과 비슷한 연령의 사람들이 모여서 대화를 나누는 모습이 보인다. 이제는 낯설지 않은 풍경이다. 짜인 대로 고정된 스케줄을 따르는 기계적 시간에서 벗어난 회사인간은 회사 바깥의 유동적 시간에 진입하기 시작한다.

일할 수 없는 공간

A가 허무함을 느꼈던 부분은 회사 생활을 하면서 차지했던 장소를 상실하는 일이었다. 그는 "한여름에 에어컨을 틀고 업무

를 볼 수 있는 공간"이 없어지는 것을 예로 들었지만, 그 안에서 형성해 왔던 관계와 안정성을 더 그리워하는 것 같았다. A의 말에서는 회사에서의 관계가 끊어지고, 자신의 직장이라고 생각해 온 곳에서 한순간에 떠나야 했던 허무함이 드러났다.

> 이렇게 쉬웠나 싶었죠. 참 허망하다 싶어서 우리 동기들끼리 (퇴직 신청 버튼을) 누르자마자 서로한테 전화하기에 바빴고. "야, 너도 했냐? 이야… 이거 참 그렇다!" 예전에 사무실에 딱 앉았는데 (한여름에) 나 혼자 에어컨 빵빵하게 틀고 아주 쾌적한 상태로 일하면서 "아, 내가 이렇게 좋은 회사에 다니고 있었구나" 생각했는데 이게 버튼만 누르면 끝나는 거예요. 이게 이렇게 끝나나…. (A, 휴직)

A가 다니던 회사에서 퇴직 가능한 나이는 만 55세이다. 55세부터 사내 프로그램에서 퇴직이라는 버튼을 클릭할 수 있고, 별다른 절차 없이 퇴직이 가능하다. 퇴직 버튼이 활성화되어 있는 시기가 정해져 있어서 그 시기에 클릭을 하지 않으면 직무 임기는 최대 3년까지 매년 연장된다. 만 58세 정도가 되어야 더 이상 회사에서 근무할 수 없는 나이가 되는 셈이다. 58세를 전후한 나이가 되면 후배들이자 부하 직원들로부터 퇴직에 대한 압박을 느끼게 된다. 해당 직급의 일자리는

줄어들고 있지만 그 자리에 올라가려는 사람은 많다. 때문에 당장 생계가 급한 사람을 제외하고는 퇴직하지 않고 버티는 선배는 후배들의 앞길을 막은 사람으로 낙인찍히게 된다. 입사부터 퇴직까지 30~35년가량을 몸담았던 직장에서 이러한 낙인이 찍히는 것은 이후의 삶에 있어서 절대적으로 불리하다. 퇴직 이후의 재고용을 좌우할 영향력을 가진 사람이 후배이자 부하 직원이었던 실무자(혹은 인맥)이기 때문에, 제한된 재고용 가능 인원에 선발되려면 퇴직 가능한 나이에 깔끔하게 퇴직 버튼을 눌러야 하는 것이다.

퇴직을 상실과 단절, 심지어 사회적 죽음으로까지 확대 해석해 부정적인 면을 강조하는 공포 마케팅의 논리대로, 퇴직 자체가 퇴직자의 인생에서 거대한 사건이라는 점은 부정할 수 없다. 그러나 실제 퇴직자들이 무력감을 느끼고 상처받는 부분은 아주 사소하다. 퇴직이라는 예정된 사건에 마음의 준비를 하고 있었던 이들은 퇴직이라는 단어로만 설명할 수 없는 수많은 작은 요소들에 의해, 무력한 퇴직자가 되지 않겠다는 의지를 잃어 나간다.

중앙 부처 공무원이었던 F는 정년을 마치고 서울 모 대학의 산학 협력체로 일자리를 옮겼다. 그는 중앙 부처 소속이었던 것에 자부심을 가지고 있었고, 이는 권위와 지위가 보장되지 않는 영역으로 이동하면서 느끼는 차이점이었다.

아쉽지. 장차관을 못 해본 게 아쉽지. 근데 꼭 장차관이 아니어도 이거 해라 시키면 착착착착 진행이 됐다고. 그것도 국가사업이니까 다들 사업 따낼라고 애를 쓰지. 근데 (정년이 될즈음에) 이제 이 사람들이 커넥션이 잘 없으니까 사업을 잘하고 있는지 평소에 확인도 좀 할 겸 산학 협력체에 자리를 주는거야. 여기 있다 보면 내가 되게 애매한 사람이라고. 내 눈치를 봐야 되는지 말아야 되는지 어색해해 다들. 왜냐면 자리만, 직함만 있는 거니까. 그러다가 이제 내가 아쉬운 소리를 해야될 때가 있다고. 저기 관에다가 뭘 요청할 게 있어서 아쉬운소리 하면 거기서 또 어색해해. 얼마 전까지만 해도 내 눈치를엄청 봤던 사람인데 자기도 이제 얼마 안 남았거든. 그니까 또자기도 함부로 못하는 거야. (F, 재취업)

F는 더 높은 지위에 오를 수 있었는데 그렇지 못했던 것에 대한 아쉬움과 달라진 자신의 위치 자체에 대한 불확실성을 느끼고 있었다. 상명하복이 당연시되었던 과거에는 조직내부에서뿐만 아니라 외부에도 자신의 영향력을 행사할 수있었다. 하지만 정년 이후 소속된 회사에서는, 권위도 없지만그렇다고 무시도 당하지 않는 애매한 존재가 되었다. 새 직장의 사람들에게 그는 잠시 자리를 차지하다가 떠날 사람이었다. F가 오기 전에도 그와 같은 경로를 밟은 사람들이 거쳤던

자리였기 때문에 F의 주변에 있는 사람들은 그와 같은 사람들을 이미 여러 번 겪었다. F 자신도 자신의 커리어가 내리막길을 걷고 있으며 되돌아갈 수 없다는 것을 잘 알고 있었다.

하지만 모두가 퇴직을 상실로 받아들이는 것은 아니다. H처럼 애초에 자신의 모기업 문화에 부정적인 경험을 가지고 있었던 경우는 오히려 빨리 퇴직하고 싶었다고 말하기도 한다.

우리같이 인제 80년대 은행을 들어온 사람들한테는 드디어 혼란이 생기는 거죠. 첨단 상품들이 들어왔는데 소화가 안 된 상태에서 이걸 판매를 하게 된 거지. 이 상태에서 2008년에 이제 금융 위기가 왔잖아요. 글로벌 금융 위기가 오면서 고객들이 큰 피해를 보게 됐어. 엄청난. 그게 바이코리아 나오고 그럴 때 은행에도 그런 투자 상품이 나왔는데 그때도 -1퍼센트, -2퍼센트 났어요 수익률이. 그거 가지고 은행이 막 뒤집혔다고. 야, 이게 어떻게 원금이 까지는 상품이 있느냐, 이래 가지고 난리가 나서 뭐 다 보조는 못해주고 다른 방식으로 하여튼 뭐 고객한테 좀 불만을 좀 완화시키는 그런 방법을 쓰고 그랬는데, 이거 인제 2008년에 와선 그게 문제가 아니고 원금이 다 날라가는 그런 상황이 생기고 나니까 도저히, 도저히 내가 견딜 수가 없더라고. 그런 상황이었어. 그런 상품을 팔아야 된대는 거. 이걸 팔고서 이렇게 됐대는 거에 대해서 아무튼 죄책감이라던가 이런 것들, 은행을 더 다닐 자신이 없더라고. (…중략…) (퇴직하니까) 훨씬 좋지. 보는 사람마다 나보고 아~유, 얼굴 좋아졌다고. 옛날엔 안 그러더니 얼굴이 참 윤기가 흐른다, 표정이 아주 좋아졌다, 이런 얘기를 많이 하지. (H, 재취업)

H는 은행의 공공성이 변화한 것에 죄책감을 느끼던 중 퇴직했다. 1981년 H가 취직했을 당시 은행은 영리를 추구하는 곳이 아니었다. IMF 이후 "은행도 망할 수 있다"는 사실을 보여 주는 사건들이 생겨나면서[10] 은행은 합리적인 경영을 통해 이윤을 내야 하는 영리 기업으로 변모했다. 그는 회사에서 포상으로 6개월 동안 EMBA(Executive MBA) 교육 기회를 얻었을 정도로[11] 능력을 인정받는 사람이었다. 그렇기 때문에 IMF 경제 위기 당시 정리 해고에 대한 압박감을 느끼기보다는 업무 성격의 변화에 대해 고민을 많이 했으며, 이 때문에 회사 내에서 갈등도 겪었다. 조직의 음주 문화와 직원의 개인주의 역시 그가 퇴직을 해방이라고 느끼게 된 이유다. 술을 못 마시는 그에게 "당시 건축 업계에 뒤지지 않을 만큼 술많이 먹는 은행원"들의 음주 문화는 스스로를 바보가 된 것처럼 느끼게 만드는 불편한 문화였다. H가 지점장 시절 소년소녀가장을 초청해 답사 여행을 보내 준 일이 언론에 보도되었을 때 회사 직원들이 보였던 무관심은 회사라는 조직의 의미

를 다시 생각하게 만든 계기였다. H는 회사 업무에서 능력과 성과를 인정받을 만큼 열심히 일했음에도 불구하고, 회사인 간의 최면으로부터 일찍 벗어날 수 있었다.

그는 조직 생활에서 받았던 스트레스를 답사 여행이라 는 그만의 방법으로 해소해 왔다. 사학과 출신인 그에게 답사 여행은 이공계, 상과대학 출신이나 상업고등학교 출신인 사 람들 사이에서 느끼는 감수성의 차이를 극복하기 위한 것이 기도 했다. 답사 여행은 재취업의 기회도 만들어 줬다. H는 1997년부터 2009년에 퇴직할 때까지 회사 내 동우회를 만들 어 주도적으로 답사를 기획, 진행했던 경험을 인정받아 퇴직 후 현재 회사에 취업했다. "하고 싶었던 일들"을 할 수 있다는 사실 덕분에 현재가 가장 행복하다고 느꼈다.

전체적으로 이런 조건이 있는데, 명예퇴직을 하려면 노조하 고 합의가 이루어져야 해요. 2006년에 있었고 2007년에 있었 는데 2008년은 없었죠. 2009년에 이제 기다렸다가 나오게 됐 죠. 그러다 보니까 이제 적임자를 뽑는 과정에서 뭐 개인적인 자랑으로 얘기한다면 경쟁자가 없지. 감히 경쟁자가 없지. 그 런 활동을 한 사람이 없으니까. 그, 아니 그쪽에서 얘기해. 왜 냐, 퇴직하고 나서 1월 달에 태국에 골프를 치러 갔더니, 친 구들하고, 그리 전화가 왔더라고. 연락이 안 돼서 전화한다 그러면서 이 얘기를 하더라고. 그래서 왜 나냐, 허구헌 사람, 허고 많은 사람들 중에서 이랬더니 이런 성격의 조직을 끌어갈 만한 커리어를 가진 사람은 없다 이거지. 지금이 제일 행복해. 사람들 즐겁게 해줄 수 있는 일을 할 수 있대는 거하고 내 개인적 충전을 맘껏 할 수 있대는 거하고. (H, 재취업)

H에게 답사 여행은 회사 생활의 스트레스를 견딜 수 있게 해주는 수단이자 퇴직 후에 자신만의 커리어를 쌓을 수 있는 수단이기도 했다. 답사를 블로그에 정리해 두기도 하고, KBS 프로그램 〈역사스페셜〉 2500여 편을 녹화해 두는 등 자료 수집을 하면서 답사를 갈 때마다 주제를 기획하고 문화유산을 설명하는 등 적극적으로 활동하고 있었다.

H가 퇴직 전에 답사 여행을 통해 회사에서 벗어나 해방감을 느낄 수 있었다면, E는 퇴직 후에 자신이 잘할 수 있고 적성에 맞는 일을 찾아가는 과정에서 바람직한 삶을 살아가는 보람을 느끼고 있었다.

대기업에서 일한 E는 입사 후 승승장구하여 임원직까지 수행했다. 현직에 있을 때는 주로 마케팅, 전략 기획을 담당하며 해외 법인에서 근무했다. 이런 경험을 바탕으로 퇴직 후, 재무 교육, 컨설팅 회사를 차렸다.

그니까 이제 처음에… 그만두고는 좀 막막하잖아, 이렇게 바쁘게 살다가 30년 끝나고 나서 어… 어떻게 해야 될까 하는 거를 나 같은 경우는 인제 DBM이라고 있는데, DBM이라는 데가 아웃플레이스먼트(outplacement)[12] 하는 회삽니다. 거기서 인제 제2의 인생 설계를 어떻게 할 건지 하는 것도 거기서 인제 교육 과정을 해가면서 그… 과정을 내가 마쳤고, 그러면서 뭐 적성 검사도 하고 인터뷰도 하고 뭐 여러 가지 인제 제2의 진로를 어떻게 잡을거냐라는 거에 대해서 그… 그 기관에서 인제 교육을 하면서 그거를 인제 거치면서 많은 아, 내가 좀 교육이나 컨설팅이 옛날에 해보던 건 아니잖아, 뭐 관련은 있지만. 내가 그런 쪽에 관심도 있는데다가 적성도 맞을 것이라고 했는데, 실제 이렇게 해보니까 적성이 그게 제일 맞는 걸로 나오더라고. 그래서 이건 내가 좀 해보고 싶다 그래서 그런 방향을 잡았고, 거기에서 이제 그런 방향을 내가 잡으니까 사회 공헌 쪽으로 좀 관심도 있어서 그 행복설계아카데미 ㅎ 교육도 받았고 그리고 인제 그런 쪽에 회사를 세운 거지. (E, 재취업)

E는 경쟁에 익숙하고 회사 내에서도 능력을 인정받는 사람이었다. 주로 해외 법인과 본사를 오가면서 기업이 해외에 진출할 때 부딪히는 문제들을 겪었고, 그 경험을 살리는 방법을 찾고 있었다. 그는 퇴직 이후를 위해 아웃플레이스먼트

회사에서 받은 교육을 시작으로 처음 컨설팅이라는 것을 시도하게 되었다. 그는 중소기업에서 컨설팅 경험을 쌓았고 이를 바탕으로 서울시에서 지원금을 받아 재능 기부 방식으로 컨설팅을 하고 있다. 그는 주로 자신의 경험을 어떤 방식으로 공유할 것인지에 대한 고민을 통해 새로운 일을 찾아가고 있었다.

이들의 이야기에서 주목해야 할 점은 퇴직으로 인해 느끼는 감정적인 부분이다. 앞서 A는 "내가 이렇게 좋은 회사에 다니고 있었구나"라고 말하며 회사를 떠나는 것을 아쉬워했다. F도 "한때 잘나갔던" 과거에 대한 향수를 가지고 있었다. 반면, H는 모기업을 강하게 부정하면서 왜 그렇게 생각하는지를 "한번 생각해 보시라"며 설명하는 데 많은 시간을 할애했다. 한편 E는 "막막하지만 빠르게 적응하기 위해" 자신이 하고 있는 일들과 뭘 할 수 있을지에 대한 고민을 집중적으로 이야기했다.

회사인간이 퇴직 후 갈 곳과 가야 할 방향을 잃게 된다는 점은 공통적으로 드러난다. 몸담던 회사로부터 이탈한 사람들은 상실에 대한 아쉬움, 홀가분함, 새로운 삶으로의 방향 전환 과정을 거치면서 빠르게 퇴직에 적응하기 시작한다. 퇴직 이후의 삶에 대한 적응은 때때로 E의 경우처럼 경쟁적으로 남들보다 더 먼저, 더 빨리 이뤄야 하는 목표가 된다.

의사 결정 권한이 없는 권위주의자

과거와 현재의 지위 변화는 퇴직자들이 무력감을 느끼기에 충분한 상황을 만들어 낸다. 지시를 내리고 결재를 하는 의사 결정권자로서 체화되어 있는 권위적 태도는 조롱의 대상이 되어 버린다. 수족이 되어 줄 부하 직원이 없는 상황에서, 일 처리 속도는 더뎌질 수밖에 없다. 회사에서 직접 하지 않아도 되었던, 별것 아닌 사소한 일이라고 생각했던 일들이 정작 중요한 일을 발목 잡는 상황이 견딜 수 없어지는 것이다.

이게 적응하는 과정이긴 한데 정말 속이 터지긴 하죠. 왜냐면 지금 세무사한테 뭐 자료를 만들어서 줘야 이 사람이 관리를 해줄 거 아니에요? 그렇다고 했을 때 그 자료를 영수증이다 뭐 다를 해다 주는 데만 일주일이라고. 그전에는 하루? 길면 이틀 정도에 끝낼 만한 일들인데. 그런다고 또 이게 그만큼 나한테 돌아오는 게 많냐, 그건 또 아니거든. 사실 아무것도 아닌데에다가 시간을 엄청 쓰는 거야. 내가 이것만 하고 있는 사람도 아니고. 그리고 만약에 누가 전화해서 뭐하고 있냐고 물어보면 영수증 관리하느라 바쁘다고 할 거야? 그럼 저쪽(상대방)에서 웃는다고. 웃어. 웃기지 말라 그러지. (D, 재취업)

D는 스스로 생각하기에 "별것 아닌" 일에 필요 이상의

시간을 쓰는 것이 비효율적이며, "영수증 관리"와 같은 일이 비웃음을 살 만한 일이라고 생각하고 있었다. 다시 말해 자신은 원래 더 크고 중요한 일을 하던 사람이라는 생각이다. 자기 자신에 대한 이 같은 기대는 회사인간으로 지내 온 삶의 맥락에서 이해할 수 있다. 회사인간은 자신과 회사를 동일시했던 경제 성장기에 자신이 하고 있는 일이 회사의 성장을 이끌어 내고, 나아가 국가의 성장을 이루어 낼 수 있다는 자부심을 가지고 있었다. 회사와 국가의 성장에 기여해 왔던 자신에게 영수증 관리는 너무 사소하고 비효율적인 업무다.

B의 경우 퇴직 이후 첫 가족 여행에서 실망감을 맛봤다. 자기만 믿으라고 큰소리를 쳤지만 자신만만하게 준비했던 것과는 달리 가족들의 만족도가 높지 않았다. B가 근무하던 은행은 지방과의 연계가 잘 이루어지는 거미줄 조직이었다. 부하 직원에게 휴양지를 정하고 여행 계획을 짜오라고 지시하면 일주일 안에 숙소부터 식사 일정까지 예약된 상태로 보고를 받을 수 있었다. 그 지역 근무자들에 의해 검증된 음식점이나 휴양지를 다녀올 수 있어서 가족들의 만족도도 높았다. 하지만 퇴직 후 다녀온 여행은 그에게 "자존심이 상하는" 사건이 되고 말았다. 그는 현직에 있을 때 자신의 지시로 이루어졌던 일들이 결과적으로는 스스로 한 일이라고 생각하고 있었다. 하지만 퇴직을 하고 보니 실무적으로 일을 맡았던 사람

들의 능력을 간과하고 있었으며, 그들이 없으면 할 수 있는 일이 거의 없다는 사실을 깨달았다. 그러면서도 그는 여전히 그러한 실무적인 일들에 대해 "아무것도 아닌 것"이고 "그 위치에 있는 사람들은 당연히 갖추어야 하는 능력"이라고 이야기하고 있었다. 중요한 것은 창의적 아이디어와 판단 능력이며 이것은 실무적인 경험을 차근차근히 쌓아 온 자신만이 갖추고 있는 능력이었다. 그가 자주 이야기한 "자리가 사람을 만드는 것이다"라는 말에서 자신의 경험과 역량에 대한 그의 자부심을 느낄 수 있었다. 하지만 퇴직 이후 당연히 할 수 있는 일이라고 생각했던 사소한 일들이 "할 줄 모르는 일"이 되는 상황을 마주하면서 무력감을 느끼게 됐다.

　퇴직자들은 자신에 대한 주변의 대우가 재직 당시와 달라질 것을 예상하고 있다. 그러나 막상 달라진 대우를 실제로 경험하게 되면 쉽게 받아들이지 못한다. J는 이러한 감정을 재직 중인 사람과의 인간관계에서 느끼게 되었다고 이야기했다.

　　별거 아닌 거에 감정들이 상하게 되는데, 가령 이제 언제 골프를 치러 가기로 했단 말이죠. 그럼 내가 현직에 있을 때는 보통 우리 집까지 와서 나를 픽업했었는데. 그랬는데 이제 어디어디 사거리로 나와라 이렇게 되는 거지. 그전에는 그게 당연하다고 생각했고 지금도 어쩌면 그렇게 생각하니까 이런 것들이 신경이 쓰인다고 생각해요. 은근히 자존심 상하기도 하고. 근데 그거 가지고 말은 못하지. 이제 그 사람들이 뭐가 아쉽다고 나한테 그렇게까지 깍듯하게 하겠어. 그건 이제 뭐 그런가보다 할 수 있는데, 나도 어디 가서 아쉬운 소리 하기가 아직은 싫은 거지. 은퇴한 지가 얼마 안 되어서 그런가. (아쉬운 소리를 하는 경우는) 내가 이제 뭘 해보겠다, 일을 구해 보려고 가까운 우리 선배나 이런 사람들이랑 만나기도 하고. 아니면 지금 일주일에 두 번 여기 고양시 고용센터 통해서 일을 하는데, 어디 전화해서 도움을 요청하거나. 내가 교육 쪽에 있었으니까 그거 관련된 일은 말하자면 이제 봉사지, 봉사. 근데 이게 학교랑 협력해서 하는 일이라 사실 저 까마득한 후배들이거든. 개중에는 아는 사람도 있고. 아직은 내가 입김이 있으니까 일 처리를 이렇게 하면 안 된다, 이런 얘기들을 하면서 도움 아닌 도움을 받는 거지. 내가 (도움을) 주는 거기도 하고. (J, 휴직)

조직에서의 위치는 구성원에게 조직 내에서는 위계, 외부적으로는 사회적 지위를 보장해 주는 역할을 해왔다. 퇴직하고 J가 겪은 일은 조직이 보장해 줬던 사회적 지위의 변화를 실감하게 되는 사례다. 중학교 교장을 지냈던 당시와는 달리 일상의 사소한 부분에서 감정이 상하는 경험들을 통해 자신이 그동안 대접받고 있었다는 것을 깨닫기 시작했다. 자존

심이 상하는 것은 어쩔 수 없는 솔직한 감정이었다. 내심 퇴직
여부와 상관없이 어느 정도 예우받기를 기대했을 것이다. 예
우를 받는다는 것은 그동안의 조직 생활이 얼마나 타인에게
모범적이었는지를 보여 주는 증거이기도 했다. 그는 스스로
아직 경제적, 사회적 자원이 남아 있다고 자평하고 있었고, 자
존심에 상처를 입으면서까지 누군가에게 아쉬운 소리를 하지
않아도 될 것이라는 생각을 가지고 있었다.

    J가 고용센터에서 근처 학교와 연계하여 교육 상담 관련
일을 하고 있는 것도 같은 맥락에서 살펴볼 수 있다. 퇴직한
지 몇 개월 되지 않았기 때문에 학교를 상대하는 일은 선후배
교사로 형성되어 왔던 관계들을 활용할 수 있는 일이다. 이를
테면 아직 퇴직하지 않은 동료 교사의 후배 직원과 일을 하게
될 경우 "일을 하기에 편한" 상황을 만들 수 있다. 이때 편한
상황이라는 것은 자신이 현직에서 누렸던 권위를 타협적으로
사용할 수 있을 뿐만 아니라 자신의 경험을 단절되지 않은 상
태로 활용할 수 있는, "선생질을 할 수 있는" 상황을 뜻한다.
그래서 유치원을 개원한 다른 선배처럼 새로운 일을 시작하
거나 구직 정보를 얻기 위해 과거 동료들에게 아쉬운 소리를
하는 것보다 고용센터에서 하는 일을 택한 것이다.

    퇴직자들은 여전히 일에 대한 욕구를 가지고 있다. 생
계 부양자의 위치가 익숙한 이들은 일정 수준의 공적 영역이

확보되어야 자신의 사회적 존재를 확인할 수 있기 때문이다. 하지만 일자리가 충분하지 않은 데다, 고령자 고용을 선호하지 않는 문화가 존재하는 상황에서 이러한 욕구는 좌절된다. 아울러 구직 과정에서 지위의 변화로 인해 부딪히는 현실적 상황들은 퇴직자가 선뜻 구직을 결정하지 않는 이유가 된다. 고려 대상이 되는 현실적인 상황은 첫째로, 과거의 지위와 얼마나 차이가 나느냐이다. 어떤 퇴직자도 전직만큼의 대우를 바라지 않는다. 하지만 "자신이 지점장이던 은행의 청원 경찰이 되는 상황"은 원하지 않는다. 두 번째 상황은 이들이 조직 사회와 전통 사회로부터 체화한 권위주의와 연령주의agism에서 나온다. 관료제의 특징으로 꼽히는 상명하복과 같은 위계질서는 퇴직자들이 조직 생활을 하는 동안 자연스럽게 체화한 가치다. "이 나이 먹어서까지 어린 사람이 나를 부리는 것"은 탐탁지 않다. 세 번째는 새로운 일을 통해 도덕적 가치나 사회적 존경 등을 얻을 수 있느냐를 고려하게 된다. 그러나 의미 있는 일을 찾는 것 역시 쉽지가 않다.

　　일에 대한 욕구가 충족되지 않는다는 것은 과거 회사인간의 삶에서 가장 큰 비중을 차지했던 공적 영역과 자원이 축소된다는 것을 의미한다. 가장 두드러지는 것이 경제적 자원과 사회 관계망의 축소다. 우선 경제적 자원의 축소는 퇴직자들로 하여금 두 가지 차원의 태도를 갖게 한다. 한 가지는 내재화된 담론의 차원이다. 전후 재건 시기를 지나 경제 성장을 목도하고 IMF 위기를 극복해 낸 퇴직자들은 퇴직 후의 경제적 위기 또한 극복할 수 있으리라는 개인적인 믿음을 가지고 있다. 이러한 위기 극복의 서사는 현재 사회에 대해 "적어도 굶어죽지는 않는다"고 자신하는 근거가 된다. 이러한 생각은 젊은 세대와의 공감대 형성을 방해하는 근본적인 사고방식 차이를 낳는다. 다른 한 가지는 경험적 차원이다. 축소된 자원을 회복하고 대체하기 위해 직접적인 행동을 취하는 것이다. 이 과정에서 퇴직자는 공적 영역을 회복하려는 모습을 적극적으로 보이게 된다.

이벤트로서의 대화

퇴직자들은 공적 영역이라는 삶의 장소가 사적인 영역으로 충분히 전환되지 않은 상태에서 직장을 떠나 가정으로 돌아간다. 가정에서 보내는 시간이 많아진 이들이 체화하고 있는 공적 영역의 언어, 지위, 생활 습관, 권위적 태도는 필연적으로 충돌을 야기한다. 퇴직자들이 퇴직 이후의 삶에 적응하기 어려운 이유는 자신을 구성해 온 공적 영역의 요소들, 회사인간으로서의 특성이 한꺼번에 갈등의 원인이 되거나 무용지물이 되어 버리기 때문이다. 따라서 퇴직은 그동안 자신이 가정에서 부재해 왔음을 확인하게 되는 사건이기도 하다.

가부장적 한국 사회는 가장의 권위를 신성하게 여긴다. 퇴직자의 아버지 세대는 신성한 가장의 권위가 보존되는 가정에서 지냈다. 전인권(2005)은 회고록을 통해 한국 남성의 정체성 형성 과정을 다루면서 가부장제의 남성을 '동굴 속 황제'라고 불렀다. 동굴 속 황제는 두 가지 본질적 특성을 갖는 인간형이다. 첫째는, 모성의 공간에서 양육되고 부성적 질서에 의해 완성된, 한국의 가족 문화가 낳은 인간이다. 둘째는, 모든 인간관계를 진선미眞善美의 우열에 따라 상하의 신분 관계로 설정하는 신분적 인간a man of status이다. 그런 의미에서 진선미가 위계적 질서를 이루고 있던 봉건 사회에 정신적 기원을 두고 있는 인간이라고 할 수 있다.[13]

　　회사인간이었던 퇴직자 세대는 동굴 속 황제로 자라 왔다. 가부장의 권위는 의사소통을 대체할 수 있었다. 이들에게 아버지는 경외의 대상이며, 자라면서 좋든 싫든 아버지를 닮아 가고 있는 자신을 발견하게 되었다. 그러나 문제는 오늘날 가장에게 요구되는 역할이 더 이상 권위적 가장이 아니라는 점이다. 최근 등장한 이상적인 가장의 모습은 자녀와 잘 놀아 주는 아빠, 요리나 빨래를 하는 남편이다. 퇴직 이후에는 여전히 일을 하면서 경제적 능력과 자기 자신을 관리할 수 있는 능력을 동시에 보여야 한다. 시대적으로 가장의 모습은 변화하고 있으나, 기존의 부성적 질서를 내면화한 가장은 이러한 변화에 쉽게 적응하지 못한다.

> 집사람이 나한테 인제 감정이 많지. 직장 다닐 때 애들 키울 때
> 안 도와준 거에 대해서. 그런 마음도 있고 그래서 지금… 빨래
> 하는 건 아무 부담 없으니까. (H, 재취업)

> 주로 집사람이 살림을 다 했어요. 퇴직하고 나서부터는 이제
> 저도 이제 시작을 했죠. 그리고 요리도 좀 배우고. 요리 학원
> 가서. 요리가 재밌더라고? 집사람은 이제, 맨 인제 지가 입에
> 맞는 거 하고. 이제 안 되겠다, 내가 요리를 배워서 내가 먹고
> 싶은 건 내가 해서 먹어야겠다. (D, 재취업)

D와 H는 모두 자신이 "가사를 분담하고 있다"는 점을 간략하게 이야기했다. 각각 "빨래"와 "요리" 한 가지씩을 이야기하고 다른 부분에 대한 이야기를 하지 못하는 것은 이들이 명목상으로만 "도와주고" 있다는 느낌을 풍겼다. 이러한 느낌을 뒷받침하는 요소들은 다음과 같다. 먼저 이들은 가사노동을 전혀 하지 않는 사람들과 자신을 구별하고 있다. 이들은 이미 미디어를 통해 퇴직 후 가정에서 소외받는 가장들의 이야기를 접했고, 가사 분담에 소극적이라는 사실이 가장 큰 문제로 지적된다는 것을 알고 있다. 이 때문에 "나는 그래도

빨래나 요리는 하는 사람"이라는 점을 드러내려고 한다. 또한 이들은 가사를 분담하기 시작한 이유를 가사 영역에 거의 기여하지 않았던 과거에 대한 부채감 측면에서 설명한다. 마지막으로 가사 활동과 관련된 구체적인 사건의 구성이 드러나지 않는다. 특정 주제에 대한 인터뷰를 진행할 때 행위자는 사건의 묘사와 이에 대한 감정 등을 설명하는 경우가 대부분이다. 그럼에도 불구하고 가사 활동에 대한 인터뷰에는 사건의 심정적인 원인만 존재하고 실제 행위의 묘사가 빠져 있는 것이다. 심지어 D의 경우 "그래서 다음 질문은요?"라고 반문하면서 대화 주제를 바꾸려 했다. 이와 같은 태도는 가사 노동을 긍정적 활동이나 자기가 해야 할 일로 여기지 않고 있다는 점을 보여 준다.

　　퇴직자들의 가사 노동 참여를 단순히 미안함이라는 낭만적인 단어로 이해하는 것은 부적절하다. 오히려 가정에서의 지위가 불안정하다고 느끼면서 선택한 일종의 생존 전략에 가깝다. 고령화와 베이비붐 세대의 퇴직을 한국보다 먼저 겪은 일본에서는 퇴직 후 집 밖으로 잘 나가지 않으면서 부인의 돌봄 노동에 의존하는 퇴직자들을 일컫는 '젖은 낙엽ぬれ落ち葉'이라는 말이 유행했고, 남편의 퇴직으로 인해 배우자가 정신적 스트레스를 받는 은퇴 남편 증후군에 시달린다는 보도도 있었다.[14] 한국에서도 외출하는 아내가 남편에게 "곰

국 끓여 놨다, 다녀올게."라고 말하는 내용이 담긴 보험사 광고가 등장한 적이 있다. 퇴직 후 집에서 삼시 세끼 밥을 축내는 삼식이 남편을 두고 배우자는 밖으로 나간다. 은퇴 이후 퇴직자의 눈치 없는 가사 영역에 대한 간섭으로 인해 부부간의 갈등이 심해지자 미래에셋은퇴연구소는 '은퇴 후 5대 리스크' 중 한 가지가 황혼 이혼임을 보고하기도 했다.[15] H의 경우도 젊은 시절 자신이 육아에 기여하지 않았던 것 때문에 배우자가 자신에게 "감정이 많다"는 사실을 알고 있었다. D는 이제 누구도 "자신을 위한 밥상"을 차려 주지 않을 것에 대비해서 자신의 입맛에 맞는 요리를 배우기 시작했다.

퇴직자들은 자신이 소홀했던 사이 가족의 모습이 변했다고 느낀다. 자신이 바깥에서 일을 하는 동안 나머지 가족 구성원들은 서로 친밀한 상태였다. 퇴직자는 가족들과 대화를 하고 싶지만 한자리에 모이는 시간은 별로 없다. 가족과 일상을 보내는 것 자체가 어색하다. 어색함을 회복하기 위해 이들이 택한 전략을 들여다보면 흥미로운 점을 발견할 수 있다.

이들은 회사에서 리더의 역할을 맡고 있었을 때, 구성원 간의 유대를 증진시키기 위한 도구로 회식을 활용했다. 회식은 구성원들이 서로 친밀감을 형성하고 동료애를 증진할 수 있는 수단이었다. 회식이 아니라면 휴일에 함께 야유회를 가기도 했다. 따라서 퇴직자들은 구성원들이 한자리에 모일 수 있다면 그것만으로 어색해진 상황을 해결할 수 있을 것이라는 경험적 판단을 하게 된다. 퇴직자는 가족끼리 모일 수 있는 자리를 만드는 차원에서 "가족 식사" 혹은 "외식"을 제안한다.

> 한자리에서 식사할 기회가 많지 않거든. 평일에는 이제 각자 할 일 하느라 그렇다고 하지만 주말에는 우리가 아침을 나가서 먹고. 애들은 잘 안 먹긴 하는데 점심도 결혼식이다 뭐다 나가서 먹고 저녁에는 친구들이나 직장 동료들 모임 가거나 어머니 모시고 식사를 하기도 하고… 근데 애들은 애들 나름대로 또 주말에 약속 있어서 낮에 나갔다가 밤늦게 들어오고. 그러다 보면 이제 큰애 결혼하면 이제 가족이 모여서 식사하고 그럴 일이 별로 없죠. (서운하지 않으세요?) 서운하죠. 그렇다고 애들 하는 걸 하지 말랄 수도 없고. 이제 집안에 무슨 행사가 있어야 모이니까 그때 다 같이 식사도 하고 그러는 거지. (B, 재취업)

자녀 세대는 아버지의 퇴직 시기와 맞물려 취직 준비를 하거나 사회 초년생이 되면서 바쁜 생활을 하고 있다. B의 이야기처럼 온 가족이 모일 수 있는 기회는 얼마 없다. 자녀들과의 대화가 부족하기 때문에 배우자하고라도 대화를 하고 싶지만 배우자와도 공통된 이야기 주제를 찾기가 어렵다. 부부

간의 관계가 "무미건조"하게 되어 버린 것이다.

애들이 클 때는 (부부간에) 대화가 잘 돼요. 공통분모들이 많으니까. 그때는 우리 어디로 이사 갈까요, 애들을 어떻게 학교 보낼까요, 과외는 어떻게 시킬까요. 뭐는 어떻게 해야 되지, 뭐는 어떻게 해야 되지, 돈은 과외비가 얼마 들어가는데 어떡해요, 거기 시킬까요, 다른 데 시킬까요. 애들 모임인데 어떡해요. 그니까 이벤트가 계속 애들로 인해 발생한다는 거예요. 그니까 대화하기 싫어도 대화를 해야 돼요. 뭐가 됐던지 간에. 아까 얘기했지만은 인제 그 다음에 대화하는 게 애들이 결혼해요, 뭐해요, 하면서 대화하겠죠? 근데 지금은 대화할 게 없어졌어요. 공통 이벤트가 안 생기니까. 애가요, 애가 병역 특례로 해갖고 지방에서 직장 다니는데 무슨 이벤트가 있겠어요? 일 있으면 지가 알아서 하지 내가 뭘 알아요? 끼어들 여지가 없잖소. 딸 영국서 지가 공부하는데 내가 뭐 알아서 공부하는 거를… 이… 공통분모가 없어져 버리니까 이게 안… 공통분모가. 그러니까 대화 거리가 줄어들죠. 차라리 누군가가 하나 아파 가지고 병간호해야 된다면은, 그 나쁜 걸로 인해서 대화 거리가 생기겠지마는 그렇지 않은 상태에서는 그렇게 그 무의, 무미건조해진다고 해야 하나? 그러니까 이벤트를 계속해서 뭔가를 해야 되겠죠. 어떻게 보면은. 근데 이벤트 하는 것도 다들 경제력이고 돈 아닙니까. 근데 은퇴를 하고 나니까 이벤트를 젊은 친구들처럼 뭐 챙기고 뭐 챙기고 하고 이벤트를 하면서 "야, 누구 불러 봐, 용돈도 줄게" 이러면서 이벤트를 하면 돼요. 그러니까 자꾸만 이제 그런 어떤 얘깃거리가 없어지는 그러면 취미 생활을 통해서 얘깃거리를 만들어야 되는데, 그것도 우리 사회가 취미 생활을 갖다가 뭐 잘하고 이런 쪽으로 가는 어떤 그런 거 아니잖아요. 오로지 취미 생활을 하는 게 남자들은 친구들 만나서 술 먹는 거밖에 뭐가 취미 생활이 있어요. 그거 아니면 산에 가고. 그게 취미 생활 다지. 무슨 이런 다른 것들을 갖다가. 어떤 것이든지 간에 그렇잖아요, 둘이 봉사 활동을 다니던지. 그런 취미 생활, 이벤트하고 뭔가를 할 수 있는 스토리를 만들 수 있는, 스토리텔링을 할 수 있는 거리를 만들어야 될 텐데 내가 그래요. 참 이게 앞으로 세상을 살아가는데 돈이 있고 없고를 떠나 갖고 스토리텔링을 못 만든다는 게 안타까워요. (I, 재취업)

대화를 하기 위해서는 서로 의지가 있어야 한다. 부부 간에도 공유할 만한 일련의 사건이 있어야 대화가 이루어지는 것이다. I가 지적하는 부분은 "대화하기 싫은 상황"을 묶어 줄 만한 이벤트의 부재다. 퇴직하고 자녀가 성장한 이후부터는 서로 이야기를 하지 않으면 그만인 것이다. 자녀의 결혼

전까지 부부가 대화의 필요성을 느끼지 않는 상황이 얼마든지 벌어질 수 있다. 그리고 그는 이벤트의 전제 조건으로 경제력을 꼽고 있다. 예를 들면 용돈을 주면서 한두 마디 덕담을 할 수 있는 자리를 만들고 싶지만 퇴직 이후 경제력의 축소 때문에 이마저도 쉽지 않다. 가능한 이벤트는 구성원 중 누군가가 병에 걸리는 일이다. I가 대화의 장을 마련하기 위해 생각하는 상황들은 경조사에만 만날 수 있는 공적 관계망의 사람들을 떠올리게 한다. 공적 영역에서의 생활 습관이 가족 간의 관계에도 영향을 미치는 것이다.

한편 B는 재직 당시 가장 가까웠던 고등학교 동창들과 함께 모임을 만들고 회비를 모아 왔다. 취약한 부부 관계를 회복하기 위해 이 모임에서 부부 동반 여행을 다녀오기도 하고 고향에 부인 명의로 땅을 구매하는 등 경제력을 바탕으로 한 이벤트도 마련했다.

우리 친구들끼리 모임이 있는데 그 모임에서 이제 매달 얼마씩을 모아 가지고 근데 이게 몇십 년을 제대로 쓰지도 못하고 계속 모으다 보니까 이제 쓸 때가 된 거야. 이제 부부 동반으로 작년에 뉴질랜드도 다녀오고. (…중략…) 또… 어디냐 우리가 이제 집사람들 고생했다고 지방에 땅을 몇 평씩 선물로 줬어. 고생했지. 우리 뒷바라지를 그동안 한 거잖아. 자식들

키우고. (B, 재취업)

이 모임은 배우자들과의 화해를 시도하고 있다. 모임 자체가 남성들이 재직 당시 가정에 소홀했던 것에 대한 미안함으로부터 비롯되었다고 B는 설명했다. 퇴직 이후에는 부부가 많은 시간을 함께 보내야 한다. I가 이야기한 것처럼 퇴직자들은 관계의 개선을 위해 좋든 싫든 마주하고 이야기할 수 있는 자리로서 이벤트가 필요하고, 이러한 이벤트를 마련하기 위해서는 경제력이 필요하다. 이러한 공적 영역에서의 관계 회복 방식은 경제력을 바탕으로 한 이벤트, 혹은 가족 식사와 같은 공적 영역에서의 모임으로 이루어지기 때문에, 가족 관계를 회복하려는 퇴직자들의 시도는 계속해서 실패한다. 이러한 경험은 퇴직자들이 나름의 분노를 축적, 표출하는 이유가 된다. 자신의 아버지 세대만큼 가부장적 태도를 보이지도 않았는데 가족들과 자신의 관계가 서먹해진 이유를 이해하지 못하는 것이다. 가장의 책임감만 남고, 권위가 유지되지 않는다고 생각한다. 퇴직자들은 가족들에 대해 "지금까지 내가 먹여 살렸는데"라는 생각을 바탕으로 한 반감을 갖게 된다.

'가족과의 대화를 위한 자리 마련'이라는 산을 넘고 나면 이제 어떻게 대화할 것이냐 하는 더 큰 산이 기다리고 있다. 이들은 약 30년간 기상과 출근, 점심시간, 퇴근과 같이 고정된 공적 시간public time의 시간표대로 살아왔다. 이 시간표는 회사 바깥에는 적용되지 않는다. 그러나 회사라는 물리적 공간에서 벗어나 가정으로 이동한 이들에게 공적 시간표는 여전히 체현되어embodied 있다. 비단 시간표의 경우뿐만 아니라 습관이나 언어 등 회사 생활에 최적화된 생각이 바뀌지 않은 채, 공간만 변화한다. 공간의 이동은 퇴직자들이 가장 기본적인 문제들을 겪게 되는 출발점이다. B는 회사에서 쓰던 언어가 회사 밖에서는 이상한 말이 되어 버리는 경험을 이야기했다.

문서를 송출해 드리라고 했다고. 근데 우리는 출력해서 주거나 메일로 쏘는(전송하는) 걸 송출이라고 하니까 당연히 나는 아들한테 문자로 '이거(이메일을) 엄마한테 송출하여 드려라'라고 했는데 전화가 온 거야. 무슨 말이냐고. 엄마한테 출력해다 드리는 거냐고. 애가 이해를 못한 거지. 한참 설명하고 전화한 다음에 직원 하나를 불러다 얘기했어. 내가 잘못 말한 거냐고. 그랬더니 "아유, 아주 잘못 말씀하신 겁니다, 송출은 전혀 다른 의밉니다" 하더라고. 아들한테 괜히 미안했지. (B, 재취업)

위의 사례는 두 가지 측면에서 살펴볼 수 있다. 우선 송출의 사전적 의미는 ①사람을 해외로 내보냄 ②물품, 전기, 전파, 정보 따위를 기계적으로 전달함이다. 방송국이나 IT 업계에서 사용하는 말이기도 하다. B에게 송출이라는 단어는 팩스를 주로 사용하던 시절에 형성된 조직 내에서 관습적으로 사용하던 말이었다. 그는 기본적인 말을 이해하지 못하는 아들을 나무랐다. 재취업하게 된 사무실에서 아들 또래의 직원에게 묻고 나서야 자신이 회사 밖에서는 통용되지 않는 의미를 사용하고 있다는 사실을 알게 되었다.

B가 송출이라는 단어를 사용했을 때, 그는 아버지와 지점장의 위치를 혼동하고 있었다. 이는 B가 아들이 자신의 말을 당연히 이해할 것이라고 생각했다는 점과 아들 또래의 부하 직원에게 의견을 물었다는 점에서 확인할 수 있다. B는 이 일화로 인해 그동안 자신이 "콩떡같이 말해도 찰떡같이 알아먹었던" 직원들과 함께 생활하고 있었다는 것을 깨닫게 되었다. 상급자가 되어 갈수록 부하 직원들이 알아서 도와주는 상황에 익숙해지면서, 명령조의 언어나 정확하지 않은 단어를 사용하게 된 것이다. 결국 이러한 회사인간의 커뮤니케이션 방식은 가족과의 소통을 방해하는 장애물이 되었다.

삼겹살과 소주라는 소박함

변화한 현실에 적응하기 위해서는 타협이 필요하다. 앞서 다룬 시간과 장소라는 의미의 변화뿐 아니라, 이들이 가진 물리적 자원의 축소라는 변화도 적응 과정에 큰 영향을 미치는 요소다.

퇴직자들은 자원의 축소에 따라 자신이 겪는 사회적 지위의 낙차를 줄이기 위해 세 가지 전략을 취하게 된다. 첫 번째는 과거의 자기 서사를 축소시키거나, 서사 안에서 현재 내세울 만한 어떤 지표를 과시하는 전략이다. 두 번째는 더욱 어려웠던 과거의 서기를 소급하여 현재의 변화가 대수롭지 않다는 태도를 취하는 것이다. 세 번째는 사회가 제시하는 도덕적 가치들 중 자신에게 유리한 것을 선택하는 것이다. 이러한 전략들은 굳어져 버린 회사인간의 몸에서 벗어나기 위해 에너지를 소모하기보다 자신이 살아온 삶에서 현재의 삶에 유리한 요소를 취사선택하거나 입장을 바꿈으로써 환경의 변화에 대한 심리적 낙차를 최소화하기 위해 활용된다. 이를 탈회사인간화라고 한다. 이들은 탈회사인간화를 통해 정체성의 혼란을 겪는 상황에서도 회사인간의 정체성을 유지하면서 서사를 재구성한다. 회사인간으로서의 정체성을 버리지 못하는 이러한 현실은 오랫동안 제기돼 온 제2의 인생에 대한 담론들이 퇴직자들에게 이상적인 목표를 제시하지는 못하고 있다는 반증이기도 하다.

처음 A에게 재직 당시 어떤 일을 했는지, 하루 일과가 어떠했는지, 과거의 삶을 그려 줄 것을 요청했을 때, A는 나에게 옆에 앉을 것을 권하며 약 30분 동안 차근차근 설명해 나갔다. 참여자들에게 인터뷰는 공적 지위가 없는 상태에서 만들어지는 공적인 자리다. 그래서 대부분은 다소 일반적인 이야기를 하며 방어적인 태도를 유지한다. 이런 형태의 인터뷰가 낯설기도 하지만, 자신의 생각을 직접적으로 표현하는 것을 꺼리는 회사인간 특유의 기계적 성격이 남아 있기 때문이다. 회사 안에서 고위직을 맡아 일하면서 언행의 위험 요소를 최소화해야 했던 신중한 습관 때문일 수도 있다.

그러나 자신의 과거 공적 활동에 대한 설명을 요청하면 그들에게 익숙한 공적 자아, 즉 회사인간의 매너를 보여 주며 상대방을 한결 자연스럽게 대한다. 이들에게는 여전히 회사인간의 정체성이 익숙하고, 공적 자아를 통해 관계를 형성하는 것이 편한 것이다. J가 여전히 "선생질을 할 수 있는" 일을 찾는 것도 공적 자아를 잃지 않기 위한 시도라고 볼 수 있다.

퇴직자들은 퇴직 이후 자신이 가지고 있던 자아상을 현실적인 조건에 맞춰 타협하기 시작한다. 현직에서 가지고 있던 자원이 그대로 대체되지 않는 상황에서, 이들은 과거와 같은 수준의 삶을 영위할 수 없다는 것을 잘 알고 있다. 지금부터는 어떤 자원을 더 많이 획득하는가보다는 천천히, 조금씩

잃어 가는 것이 중요한 시점이라고 생각한다. 퇴직자들이 이제는 소박한 사람이 되었음을 강조하는 이유다.

'소박한 사람'은 퇴직자들의 정체성 재현 방식의 변화를 나타내 주는 말이다. 이룰 만큼 이루었으니 이제 내려놓아야 한다는 태도를 불가피하게 선택한 결과다. 실제로 욕망하는 것이 더 많다고 할지라도 욕망하지만 나의 현실이 어렵기 때문에 하지 못한다는 약한 모습을 드러내기보다는 할 만큼은 했다, 누릴 만큼은 누렸다는 태도를 취하는 것이 어려워진 현실에 적응하는 데 유리하다.

음주 문화는 이들이 대표적으로 현실과 타협하는 지점으로서 주목할 필요가 있다. 다수의 회사인간에게 술 문화는 직장 생활의 희로애락을 풀어내는 도구이자 구성원 간의 유대를 확인하는 수단이었다. 따라서 참여자들이 공통적으로 언급하는 술 문화는 이들에게 가장 익숙한 사회적 의례로 표현된다. 재직 당시 술자리는 사람을 평가하는 자리이자 구성원 간의 친밀성을 형성하는 기회였다. 술을 강제하는 방식으로 이질적인 구성원을 단죄하면서 이들을 회사 문화에 편입시키는 정상화 기능도 했다.

이 안에서 이루어지는 몸짓 문화들은 남성 유대의 구축이라는 의미를 갖는다.[16] 술을 주고받는 과정에서 위계를 확보하고 술잔을 돌리며 건배하는 것으로 유대를 형성하는 것이다. 술에 취하지 않은 상태에서 불가능했던 신체적 접촉은 남성 간의 친밀성을 형성하는 기능을 한다. 예컨대, 어깨동무나 포옹은 집단성의 유대를 과시하는 결연의 기호로 쓰인다. 술자리에서 술의 질이나 맛은 중요하지 않다. 3차, 4차까지 이동하게 되는 과정에서 술 자체는 무의미해진다. 원 샷을 통해 최대한 빨리 취하는 것이 목적이다.

예전에는 뭐… 뭐 2차도 많이 갔던 것도 안 가고, 인제 술집도 뭐… 진짜 괜찮은 데 갔으면 요새는 뭐 소주에 삼겹살 딱 놓고 먹고. 이제 그런 게 달라진 건데, 오히려 나는 좋더라고, 그런 게. 그렇다고 뭐 먹고 싶은 소주나 막걸리 이런 거 안 마시는 건 아니니까. 옛날로 치면 뭐 진짜 그… 뭐 나 때문에라기보다 그런 게 있어서 좋은 데 가고 했던… 그니까 그런 경험이 있으니까 아이고 뭐 그, 어떻게 보면 그것도 힘든 일이거든. 그런데 가서 뭐 그렇게 한다는 게. 그런 거 뭐 하나도 별로 그렇게 부럽진 않더라고. 뭐 실컷 해봤고 그래서. (E, 재취업)

가장 즐거울 때가 뭐냐면은 그런(친한) 사람이랑 바둑을 두면서 돈을 한 삼사만 원 따지 않습니까? 저녁 때 모여서 소주 한 잔할 때 그거를 100프로 기부할 때. 그거 가지고 내가 딴 돈이니까 이거 가지고서 이걸로 우리 같이 술 먹자. 그때 소주 먹고 막걸리 먹는 거지만은 그때가 그, 그렇게 먹는 술이 맛있고 달다는 거예요, 그냥. 그러니까 그래서 두 번 기분 좋은 거. 하나는 친구들한테 돈 오천 원, 만 원 땄다는 거에서 기분 좋고, 먹을 때 기부해서 기분 좋고. 근데 그렇게 아주 부담 없이 그렇게 먹으면 참 행복하고 좋은데 왜 이런 걸 안할까. 기부를 하면 더 기분이 좋지만 단 돈 몇만 원 기부하면서 즐기면서 먹고 살면 그렇게 돈이 많이 필요하지 않아도 될 텐데. 근데 거기서 내가 만약에 직분을 맡아 갖고 (동창회) 회장이나 뭐 한다면은 돈을 갖다가 백만 원, 천만 원 기부를 해야겠죠. 그때는 그런 어떤 걸 해갖고 즐거움을 느끼는 사람은 즐거움을 느끼지만 그렇게 안하고 조금만 해갖고 즐거움을 느낀다면 그 정도까지 갈 게 뭐가 있겠어요. 그냥 그때그때 맞춰서 즐거우면 되는 거지. 하하하. (…중략…) 나는 다음에 만약에 애들 교육시킨다면 또 다시 이렇게 8학군 안 하고 시골이나 조그만 동네 가갖고 자기가 좋아하는 거, 그게 뭔지는 모르지마는 그거 하게 할 거예요. (I, 재취업)

E는 현직에 있을 때는 "좋은 곳"에 갈 기회가 많았지만 그것도 "힘든 일"이었다고 회상한다. 오히려 재직 당시 "실컷 가봤던" 경험 때문에 그런 삶이 부럽지 않고, "소주에 삼겹살"을 먹을 수 있는 지금이 예전보다 좋다고 생각한다. 그리

고 "좋은 곳"에 갈 수 있었던 과거에 대해 "나 때문이라기보다"라고 설명하면서, 자신의 의지와는 상관없이 그런 문화에 참여할 수밖에 없었음을 토로한다. 축소된 자원으로 인해 소박해질 수밖에 없는 환경에서 서사의 변화가 일어나는 것이다. E처럼 회사에서 성공 가도를 달렸던 사람의 경우 퇴직 후의 처지 변화를 쉽게 받아들이기 어렵다. 다른 퇴직자들보다 더 큰 심리적 낙차를 겪기 때문이다.

I도 "부담 없이" 마시는 술이 "맛있고 달다"고 말한다. 소박해진 현실에 기부를 전제로 한 "내기"를 더함으로써 행복을 느낀다고 이야기했다. 딸의 유학으로 경제적 자원의 급격한 축소를 겪어야 했던 그는 "행복"이라는 것이 무엇인지 생각하게 되었다고 한다. 그에게 행복이란 좋아하는 것을 즐기는 삶이다. "큰 것"으로 행복을 느끼는 사람이 있는가 하면 "작은 것"으로 행복을 느낄 수 있는 사람이 있으며, 자신은 후자에 속한다고 설명했다. 그리고 자녀를 모두 강남 8학군에 있는 학교에 보냈으면서도, 다시 기회가 생긴다면 자녀들이 "작은 것"으로 행복을 느낄 수 있도록 "시골의 조그만 동네"에서 좋아하는 것을 하도록 교육시키고 싶다고 이야기했다.

이들이 보이는 술자리에 대한 태도는 회사인간으로서, 낯선 사람과의 친밀감 형성 혹은 익숙한 이들과의 유대감을 확인하는 의례로서 내면화한 습관이다. I가 술을 "맛있게" 먹

을 수 있었다는 말의 의미에서 이러한 태도를 다시 생각해 볼
수 있다. 그는 친구들과의 술자리를 통해 회사인간 시절의 남
성 간 유대를 다시 경험할 수 있었다. J는 필자에게도 술을 권
함으로써 이러한 의례를 재현하려 했다. E가 "소주에 삼겹살"
이라도 괜찮았던 이유 역시 그가 술의 질이나 맛을 경험하기
위해 술자리를 가졌던 것이 아니었기 때문이다. 술자리의 의
례, 남성적 유대 문화, 동질화의 경험이 이뤄지면, 그 술자리
는 괜찮은 것이 된다. 술의 가격이 떨어지고, 술자리의 규모
가 작아진다 하더라도 과거의 사회적 의례를 다시 경험할 수
있는 조건이 충족된다면 만족하는 것이다. 고급술에서 비즈
니스라는 부담되는 요소를 벗겨 낸 소주로의 변화에서 소박
함이라는 긍정적이고 인간적인 가치를 획득한 것은 덤이다.

　　E와 I는 둘 다 퇴직 이후의 소박함으로 자신의 서사를
재현하고 있었다. E는 지위의 하락을, I는 경제적 자원의 축소
를 겪음에 따라 기존에 자신이 가지고 있던 취향이나 가치를
수정해야 할 필요를 느끼게 되었다. 두 사람 모두 스스로를 소
박한 사람이라고 평가하는 합리화 과정을 통해 자원이 줄어
든 현실에 적응해 나갔다. 이때 소환되는 것이 성장기의 어려
웠던 과거다. 특히 본격적인 경제 성장을 이루기 전 한국 사회
에서 유년 시절을 보냈던 이들은 현재와 과거를 비교 선상에
놓고 "생존 자체가 목적인" 시절이 있었음을 기억해 낸다. 재

벌이나 지역 유지를 제외하고는 "좋은 것"이나 "고급"의 무
언가에 대한 선택지를 가지고 있을 수 없었던 시절, 자신의 기
대 수준을 모두가 어려웠던 그 시절에 맞춤으로써 현재 한국
사회가 풍요롭다고 생각하게 되는 것이다. 이로써 퇴직자들
은 자원의 축소로 인한 비자발적이고 수동적인 적응이 아니
라 과거로부터 체화한 자발적이고 능동적인 소박함의 정체성
을 획득할 수 있는 것이다.

자신의 서사에서 유리한 부분을 취사선택하여 정체성을
변화시키는 이러한 태도는 소박함 이외의 다른 사회적 가치를
획득하는 방식에서도 나타난다. D는 1980년대 경제 성장기의
경험을 축소함으로써 세대 소통의 가능성을 열어 두고 있었다.

> 다 같이 힘들었으니까. 다 같이 고생들을 한 거지. 그게 뭐 누
> 굴 위했다기보다 내가 살아야 되니까, 내 가족들이랑. 아무도
> 자기가 넉넉하게 살았다는 사람 없을 걸요? 근데 그땐 그 나
> 름대로 행복했다고. 올림픽 할 때나 대단한 줄 알았지 IMF 땐
> 난리도 아니었잖아. 지가 제일 힘들었다고 누가 그래요? 근데
> 딱 한 가지 달라진 게 있다면 옛날에는 우리가 잘살 수 있을까?
> 서양을 생각하면 작아지는 우리 모습. 어… 그런 것들이 이제
> 많이 있었는데, 열심히들 일을 해서 지금은 그래도 우리도 세
> 계적으로 같이 목표를 만회할 수 있다 그 하나 차이지 뭐… 고

생의 정도에서 옛날이 더 많았다, 적었다 이건… 예를 들면 옛날에 계란 하나 있었으면 풍족한 식사였는데 지금은 그게 아니라고 해서 옛날에 더 많이 고생했다 그렇게 생각은 안 들더라고. 나는 개인적으로 요즘 젊은 사람들이 더 힘든 거 같애. 옛날에야 뭐 다들 어려웠으니까. (D, 재취업)

D는 앞서 언급한 것처럼, 퇴직 후 자신이 하는 일의 사소함 때문에 큰일을 하던 과거와 괴리감을 느끼고 있었다. 영수증 관리 같은 기능적인 일이 비효율적이고 사소하다고 느끼면서도 이를 극복하기 위해 요리도 하고 봉사 활동도 다닌다. 이번에는 과거의 경험을 축소하면서 젊은 세대의 어려움을 이해하려 하고 있었다. 어려웠던 과거는 그에게 극복의 서사가 아니라 단지 "다 같이 힘들었던 시기"다. "계란 하나 놓고 밥을 먹었던" 과거는 빈곤과 어려움으로 읽히지 않는다.

D는 퇴직자 세대가 기본적으로 가지고 있는 권위적인 태도를 경계하고 있었다. 그는 격식을 차린 공적 언어를 사용하는 것이 아니라 "지가 제일 힘들었다고 누가 그래요?"와 같은 말을 사용했다. 자신의 또래에 대한 호칭을 낮추어 부르면서도, 젊은 사람에게는 친근한 말투로 "걍(그냥의 줄임말), 즐(즐거운 시간을 보내라는 말의 줄임말), 지못미(지켜 주지 못해 미안하다는 말의 줄임말), 듣보잡(듣지도 보지도 못한 잡스러운의 줄

임말)"등의 신조어를 사용하고 있었다.

이런 신조어는 주로 인터넷에서 사용되고 있는데, 이는 D가 인터넷 문화에 능숙한 사람이라는 점을 알 수 있게 한다. 실제로 그는 ㅁ이라는 명상 동호회 사이트를 운영하고 있었다. 그리고 이러한 언어를 단순히 인터넷 공간에서만 사용하는 것이 아니라 실제 대화에서도 익숙하게 사용하고 있다는 것은 평소에도 이런 대화 방식으로 소통하는 것이 어느 정도 익숙한 사람이라는 점을 보여 준다.

젊은 세대와 소통 가능한 사람임을 드러내는 것은 기존 기성세대라고 불리는 사람들의 '꽉 막혀 있다'는 이미지를 타파하기 위한 목적이라고 볼 수 있다. 이러한 목적을 달성하는 가장 이상적인 모습은 멘토의 이미지를 차용하는 것이다. 멘토는 젊은 세대를 힘든 세대로 이해하고, 젊은 사람과 소통 가능한 사람이라는 기대를 준다. D는 젊은 세대와 소통하는 성숙한 어른의 모습으로, 사회적 지위의 하락이라는 환경 변화의 위협에 대응하고 있는 것이다.

자리가 사람을 만든다는 말처럼, 퇴직자들은 자신의 가치나 의지와는 상관없이 자리가 만든 사람으로 30년 동안을 살아왔다. 이들은 이 30년 동안 결혼을 하고 자식을 낳아 기르며 자신이 속한 조직에 충성했다. 가족과 조직을 둘러싼 몇몇 뉴스거리가 세상의 전부였지만, 바로 그 전부에 대해서는 누구보다도 잘 아는 사람이었다. 그러나 이제는 그 전부에서 벗어나 버렸다. 이들은 이 엄청난 변화로 인한 혼란과 충격을 최소화해야 한다.

남성 퇴직자, 즉 부성적 질서에 의해 완성된 동굴 속 황제들은 쉽사리 변화를 인정하기가 어렵다. 하지만 이제는 현실적인 타협이 요구된다는 것을 알고 있다. 조직에서의 권위를 다시 회복할 수 없고, 취약한 가족 관계에서 친밀성은 강화되지 않는다. 경제적 자원 또한 이전과 같을 리 만무하다. 그러나 변화를 그대로 인정하는 것은 그동안 자신이 옳다고 믿어 왔던 가치와 삶의 일관성을 위협하는 일이다. 결국, 변화를 받아들이기보다 자신의 서사를 바꾸는 전략을 택한다. 퇴직자들이 서사를 축소하고 멘토의 이미지를 만들어 나가는 것은 심리적으로 위축될 때 느끼는 스트레스를 최소화하기 위한 대표적 방어 전략으로 쓰인다. 그동안 살아온 삶을 부정하지 않으면서도, 변화했음을 보여 줄 수 있는 서사적 맥락을 만들어 내는 것은 정체성의 혼란을 극복하기 위한 효율적인 방법인 것이다.

동창 모임에 나가는 이유

사회적 관계망의 축소는 퇴직자들의 행동반경을 제한하고, 결국 심리적인 위축을 불러온다. 공적으로 맺었던 관계들이 퇴직 이후에 차츰 소원해지면서 퇴직자의 인간관계는 가족, 가까이 지낼 수 있는 동창이나 기타 친밀한 관계 정도로 축소된다. 송호근 서울대 사회학과 교수는 50대의 자화상을 그린 책《그들은 소리 내 울지 않는다》에서 관계의 성격과 친밀도에 따라 퇴직자들의 관계 구성을 가족 관계망, 친밀 관계망, 친근 관계망, 공적 관계망으로 나눈다. 그에 따르면, 가족 관계망은 가족들로 구성된 관계망으로서 사생활의 핵심을 이룬다. 친밀 관계망은 가장 친한 동료들을 포함해서 어떤 일이 있을 때마다 상의하고 어울릴 수 있는 집단이다. 심리적 거리가 없는 집단으로 학창 시절을 같이 보낸 동기나 가장 친했던 직장 동료 등이 여기에 속한다. 친근 관계망은 친밀 관계망에 비해 심리적 거리가 다소 있는 그룹이다. 술자리나 여행, 사업 파트너를 할 수는 있지만 사생활에 대한 이야기는 할 수 없는 관계다. 공적 관계망은 직장 생활을 할 때 맺었던 공적 관계에 속한 사람들로서 사생활을 얘기하기 어렵고 심리적으로 거리도 먼 집단이다. 이해나 관심의 부합과 충돌에 따라 언제든지 관계를 맺고 끊는 것이 가능한 관계다.[17] 결국 퇴직자들에게는 가장 가까운 가족 관계망과 친밀 관계망만 남는다.

　　I는 퇴직자들이 경제적 자원과 사회적 관계망의 축소로 인해 총체적으로 겪는 변화와 관련한 전형적인 경험을 들려주었다.

초등학교 애들은 그냥 만나면 좋아. 돈 놓고 옛날에 응, 그 개구락지 친구가 이렇게 만나고 하면은 고등학교 때까지도 비즈니스를 하지만 노는 것도 하고 그러는데, 대학은 만났다는 거 자체가 이미 비즈니스를 염두에 두고 미팅하니까. 그게 어려워지는 거예요. 근데 앞으로 은퇴도 그렇고 비즈니스를 안 한다고 생각하면 지금부터라도 친구 간에 만날 때 로비 좀 있어. 조금은. 잘 얘기해야지 오래 또 봐요. 웃으면서. 그리고 항상 상대방이 비즈니스를 한다고 하더라도 내가 도와주고. 그래야지 그 조그만 거라도 그래야지 재밌게 즐기면서. 근데 그게 하… 재밌는 것 중에 하나가 기본 이게(돈이) 있어야 되니까. 예를 들어서 누군가가 (나를) 만나는데 점심값이 없어, 소주값. (둘이) 먹어서 3만 원이 나온다 이거야. 내가 3만 원 부담 없이 "야야 내가 사줄게 내가 오늘 낼게"하면 상관없는데, 만날 때마다 야, 만 오천 원 더치페이, 뭐 그것도 맞는 얘기지만 그렇게 되면 서로가 또 부담스러워지고. (I, 재취업)

관계에 비즈니스가 개입되는 대학 동기들은 결국에는 "주머니를 보는 관계" 즉, 친근 관계망에 속한다. 경제적 자원이 축소됨에 따라 관계를 유지하는 것에 대한 부담도 증가한다. 그래서 부담이 상대적으로 덜한 고등학교, 중학교, 초등학교 동창회를 찾게 된다. 대학 이후의 관계부터 비즈니스가

개입된다고 생각하는 건 I 만은 아니다.

초등학교, 중학교, 고등학교, 대학교 친구들이 비슷한 그런 과
정을 겪어 오잖아요. 그니까 사실 뭐 연락을 내가 하고 싶어도
바깥에 나가 있으니까 못한다던지 바쁘니까 못한… 못하는데
나뿐만이 아니라 상대방도 비슷한 환경에서 바쁘게 사는 사
람들이니까. 근데 지금 인제 나이가 들어서 인제 내가 시간을
이렇게 조정하는 그런, 내가 시간을 좀 만들 수 있는 시점이 되
니까 상대방도 그런 시점이 되는 거예요. 그니까 초등학교 친
구들과 나도 뭐 이렇게 되니까 이 사람들도 은퇴해서 나오는
시점이 되니까 연락하면 뭐… 그동안에 서로 못 만났던 거니
까 자연스럽게 이렇게 그런 그… 오랫동안 못 만났었어도 술
과 친구는 오래될수록 좋다 그러잖아. 그니까 상황이 서로 비
슷한 그런 뭐 입장에 있다가 서로 시간이 돼서 하면 바로 그냥
그런 회복은 바로 되는 거 같애요. (E, 재취업)

직장 동료는 만나는 사람 없어요. 여기 동우회 이거 말고는. 그
은행이라는 데가 그래. 진짜 재미없는 동넨 거 같애. 돈 가지고
따지는 직업이 별로 그렇게 좋지가 않아. (…중략…) ROTC
동기가 제일 맘에 들어. 거기는 어떤 이해관계를 따지는 게 아
니고 서로 봉사를 할려고, 줄려고. 자기가 가지고 있는 재능이

든 돈이든 다 기부하려고 드니까. 얘네들은 그런 이해관계 없이 이렇게 나와서 다 좋아해 주고. 그러니까 뭐 얘네들이랑 어울릴 수밖에 없는 거지. (H, 재취업)

대학 이전의 관계가 성장 배경에서 고향이라는 유사성을 갖는다면, 대학 이후부터는 학연을 통해 계층적으로 유사한 집단적 관계가 재형성된다. H는 비록 대학 이후의 관계이긴 하지만 이해관계를 따지지 않는다는 측면에서 ROTC 동기와의 만남을 가장 선호하고 있었다. E는 이해관계가 개입된 관계를 네트워킹이라고 말하며 의도성을 직접적으로 드러내는 관계라고 지적하고 있다. 이해관계를 바탕으로 한 네트워킹과 관련된 범주인 공적, 친근 관계망의 붕괴는 퇴직자들의 자격지심[18]으로 인해 발생한다. "점심값과 소주값 정도에 연연하게 되는" 상황과 자신이 생각하는 사회적 지위와의 충돌은 이를 증명하고 있다. 퇴직자들은 불편한 상황을 만들지 않기 위해서 만남의 횟수를 줄이게 되고 결국 인간관계는 축소된다.

이해관계의 개입과 자격지심은 퇴직자들이 사회적 지위의 변화를 쉽게 받아들이지 못하고 있다는 것을 의미한다. 이들은 현재 백수이고 꼬박꼬박 들어오던 월급을 받을 수 없는 상태다. 그동안 지위나 직함으로 자신을 소개해 왔지만 이제는 이름 석 자밖에는 자신을 설명해 줄 수 있는 것이 없다.

내세울 것이 없는 이들은 이해관계가 개입되는 상황에 경계심을 갖는다. 경제적 이해관계에서 주도권을 가졌던 과거를 회상하는 것도, 얼마 되지 않는 연금을 받는 나이까지 하염없이 기다려야 하는 것도 자존감을 떨어뜨리는 일이다.

퇴직자들은 호의의 교환 행위라고 부를 수 있는 방식을 통해 관계를 유지하기도 한다. 경조사는 친밀 관계망부터 공적 관계망의 사람들까지 만날 수 있는 대표적인 계기다. 와해되어 있다고 여기는 공적 관계망의 사람들은 경조사의 당사자에게 호의를 베푸는 행위를 통해서 자신의 존재를 확인시킴과 동시에 자신의 경조사에 있어서도 그만큼의 호의를 바라고 있음을 전달한다. 회사인간이었던 퇴직자들 간의 이러한 호의의 교환 행위는 나름의 법칙을 갖고 있다.

> 사회생활 할 때는 이런 규칙도 있어. 경사(慶事)에는 최대한 일찍 가서 당사자에게 직접 축의금을 전달한다. 부고(訃告) 시에는 최대한 늦게 가서 제일 마지막까지 남아 있어야 한다. (B. 재취업)

퇴직자들에게 경사란 주로 자녀의 결혼이다. 결혼식장에는 사람이 많고 혼잡하기 때문에 누가 다녀갔는지 방명록을 보더라도 기억하기 쉽지 않다. 그렇기 때문에 식이 시작하기 전, 혼주가 아직 덜 분주해서 사람의 얼굴을 기억할 수 있을 때 가장 먼저 만나서 인사하고 축의금을 직접 전달하는 행위로 눈도장을 찍는 것이다. 반대로 부고를 접했을 때는 늦게 참석해 마지막까지 남아 있어야 한다. 보통 장례식은 발인發靷을 마지막으로 끝나는데, 이때 남아 있는 사람이 기억에 남기 때문이다. 다시 말해, 호의의 교환 행위는 "좋은 일에는 누구보다 빨리 와서 축하해 주고, 슬픈 일에는 마지막까지 남아 위로해 주는" 사람이 되어 상대방과의 인맥을 지속하려는 행위다.

회사인간으로 살아온 이들이 한국 사회의 중산층을 형성해 왔다는 점을 고려했을 때, 경제적 계층 하락의 가능성은 무시할 수 없는 위협이다. 특히 부모에게 경제적으로 의지하고 있는 캥거루족 자녀를 둔 경우, 자녀의 교육과 앞으로 닥쳐올 결혼 비용을 감당할 생각만으로도 평생을 누리던 중산층으로서의 삶이 위협받게 되는 것이다. 이들이 동창 모임에 나가는 것은 이러한 불안감을 공유하거나 해소하기 위한 방법인 동시에, "그래도 나는 살 만한 사람"임을 드러내는 방식이다.

이처럼 퇴직자들은 공적 관계망의 와해를 방관하고 있지만은 않는다. 그 이유 중의 하나가 재취업이다. 기존의 공적 관계가 재취업으로 이어지는 징검다리가 되는 경우가 있어서다. 결국, 퇴직자들은 이해가 개입된 관계에 양가적인 태도를 보일 수밖에 없다. 공적 관계망은 재취업이라는 자신의 이익 달성을 위해 관리해야 하는 관계인 동시에, 반대로 상대에게 이용을 당할 수도 있는 불편하고 불안한 관계인 셈이다. 일찍이 베이비붐 세대의 퇴직을 경험한 미국[19]에는 퇴직자의 공적 관계 회복이 이해관계 혹은 비즈니스라는 특성을 갖고 있다는 점에서 발달한 산업이 있다. 미국의 화이트칼라 퇴직자들은 돈을 들여 이력서나 구직에서의 태도에 대해 코칭을 받고 인맥을 형성할 수 있는 네트워킹 행사에 참여한다. 이러한 구직 시장은 퇴직자들이 구직 활동 자체를 직업으로 여기게 만들어 구직 상태를 유지시키는 역할을 하고 있다.[20] 구직 시장은 퇴직자들의 불안한 심리를 소비로 해결하도록 유도하면서 행사를 통해 "인맥을 형성했다"는 위안을 준다. 이들은 희망 고문을 당하며 소비를 하지만, 시장화된 네트워킹 행사들이 실제 구직이라는 결실을 맺어 주는 것은 아니다. 따라서 퇴직자들이 가지고 있는 이해관계에 대한 다소 부정적인 입장은 누군가가 자신을 도구로 활용할 수 있다는 두려움, 실제 자신의 취업이나 이익으로 연결되지 않을 수 있다는 불안감으로 점철된 것이라고 볼 수 있다.

　퇴직자들이 갖고 있는 과거 회사 생활에서의 위기 극복 경험은 퇴직으로 인해 맞게 되는 정체성 위기를 극복하는 과정에는 적용되지 않는다. 열심히 일하는 것 외에 위기 돌파의 다른 선택지가 없었던 과거와는 달리, 지금 이들에게는 열심히 일할 회사가 없다. 애초에 회사라는 집단 속에서 목표를 설정하고 여러 사람이 역할 분담을 하면서 위기를 극복했던 경험을 개개인의 삶에 적용하는 것에는 무리가 따를 수밖에 없다.

의미와 가치를 찾아서

이제 퇴직자들은 의미 있는 일을 찾는다. 이들이 추구하는 의미의 기원을 거슬러 올라가 보면 세 가지 맥락이 보인다. 첫 번째는 사회에 대한 기여라고 생각되는 활동이다. 사회적 기여에는 도덕적 올바름이라는 가치가 내재되어 있다. 두 번째는 의미 있는 일을 통해 퇴직 이후 사라져 버린 공적 영역에서의 자리를 찾는 것이다. 세 번째는 회사인간 시절에 회사를 벗어나 해보고 싶었지만 할 수 없었던, 언젠가 퇴직하면 해보리라 다짐했던 일을 함으로써 회사에서 얻지 못했던 가치를 통해 자신의 삶을 치유하는 것이다. 이 세 가지 맥락이 추구하는 것은 퇴직자들이 살아온 삶에서 그동안 자리 잡아 왔던 공적 영역의 회복이다. 공적으로 인정받을 수 있는 가치를 추구하면서, 자신이 여전히 공적인 기능을 갖고 있음을 보여 주는 것이다. 가정을 위해서, 국가를 위해서, 회사를 위해서 살아가는 것이 일종의 정언 명령이던 이들에게, 전적으로 자기 자신을 위해 무엇을 해보라는 것은 낯선 요구다. 결국, 이들은 자기 자신을 위한 일을 찾지 못한 채, 사회적인 가치와 의미에 매달

리면서 다시 공적 영역에서의 목표를 좇는다.

퇴직자들은 구직 활동 이외에 봉사 활동이나 기부 활동으로 시간을 보내기도 한다. 참여자들은 사회적 기여 행위를 "의미 있는 일"이라고 표현했다. "퇴직 후에 어떤 일을 하는지 혹은 할 계획인지"를 묻자, 사회적 기여와 관련된 말이 공통적으로 나왔다는 점을 주목할 필요가 있다.

D는 시민 활동을 통해 사회적 기여를 하고 있다고 말했다.

> 퇴직하면 뭐라도 하고 싶으니까. 내가 하고 싶었던 것들이 있잖아요? 예를 들면 기부 활동이라든지. 그전에는 일에 쫓기다 보니 시간이 있어도 할 엄두를 못 냈던 것들. 그런 것들을 하게 되는데, 이제 내가 우리 지역 사회에 뭘 할 수 있을까 생각을 하다가 지인의 추천으로, 회사에 있을 때 노동조합 경험이 있어서 하게 됐죠. 시민 단체 같은 게 반봉사란 말이죠? 지금까지 나 자신을 위해 살았다면 이제 그거보다는 좀 사회에 봉사가 되는 걸로다가. 힘이 되는대로 이웃과 사회에 헌신해서 살아 보자 그런 생각을 가지고 있어요. (D, 재취업)

D는 한 달에 두 번 자신이 살고 있는 지역의 시민 봉사 단체를 통해 독거노인과 어린이집을 방문하여 봉사 활동을 하고 있다. 그가 생각하는 의미 있는 일이란 이웃과 사회에 대

한 헌신과 봉사이며, 자신을 위해 살아왔던 과거와 대비되는
그 무엇이다. 그에게는 시간적 여유보다 마음의 여유가 봉사
활동의 기반이었다. 그는 봉사 활동의 의미에 대해 "시야가
넓어지고 마음이 맑아진다"고 말했다. 봉사 활동이 자신을 위
하는 방법인 셈이다.

　　그는 회사에 최선을 다하는 것이 자신을 위한 것이라고
생각했지만 결국 정년을 채우지 못했다. 재직 당시 스스로 평
가하기에 뒤처지지 않는 실적에도 불구하고 명예퇴직을 한 것
은 마음의 여유를 갖고 봉사 활동을 하기 위해서였다고 한다.
미루어 보아 그가 생각하는 이웃과 사회에는 D 자신도 포함
되어 있었다. 게다가 그는 스스로 여전히 일을 할 수 있는 상
태이고 "어떤 일이든지 용돈벌이라도 할 수 있으면 괜찮다"
는 생각을 하고 있었다. 그가 경제적 어려움보다는 일하는 삶
자체에 비중을 두고 있다는 것을 알 수 있게 해주는 대목이다.

　　G도 마찬가지로 의미 있는 일에 대한 욕구를 바탕으로
봉사 활동을 하고 있었다. 그가 D와 다른 점은 봉사 활동을
사회복지사 1급 자격증을 취득하기 위한 수단으로 활용하고
있다는 점이다.

　　노인 요양 병원을 지어 보려고 하고 있어요. 여기저기 부지도
　　알아보고 있고. 그리고 친척 중에 이제 정신과 의사가 한 명

있는데 그 사람이랑 연계해 가지고 뭐 상담 이런 걸로 받아서 요양 시설을 짓는 거지. 그래서 지금은 사회복지사 2급 자격증이 있고 1급을 따려고 집사람이랑 봉사 활동을 하고 있어요. 겸사겸사. 이게 내 노후를 위해서 하는 거기도 하고 내가 이 일(요양 병원 운영)을 할 만한 사람인가를 확인하기 위해서 하는 일이기도 하고. 이게 이제 집사람이 성당을 다니다 보니까 거기서 봉사 활동을 다니는데 거기 따라다니면서 하고 있고…. (G, 휴직)

G는 퇴직하기 5년 전부터 노인 요양 병원을 생각했다고 한다. 재직하고 있을 당시는 성과에 대한 압박으로 퇴직을 생각할 겨를도 없었다. IMF 당시 동료들이 정리 해고를 당하는 것을 목도한 이후에야 퇴직 이후의 삶을 계획하기 시작했다. 연공서열제로 승진 정체 현상이 일어나면서 고위직은 정리 대상 1순위가 되었다. 이로 인해 노후와 고령화 사회에 적합한 사업 아이템을 찾기 시작했고, 발견한 것이 노인 요양 병원이었다. 요양 병원을 짓기 위해서는 사회복지사 1급 자격증이 필요하기 때문에 뒤늦게나마 준비해서 퇴직 전에 2급 자격증을 취득했다. 퇴직 후 1급 자격증을 취득하기 위해 자원봉사를 다니면서는, 고령 인구를 수용하는 것이 "대한민국의 미래에 반드시 필요한 일"이며 자신의 노후를 대비함과 동시

에 "사회에 기여할 수 있는 방법"임을 알게 되었다고 한다. 자신과 사회를 연결 지어 사고하는 방식은 참여자들에게서 공통적으로 드러나는 특징이다.

이들에게 의미 있는 일이란 자신을 넘어 사회로 확장되는 일이어야 하고, 이때 의미는 주로 봉사라고 표현되는 기부 행위로 드러난다. 당장은 경제적으로 위기를 겪지 않지만, 노후를 고려했을 때 이러한 봉사를 통해 임금이 주어지는 편이 더 좋다는 것이다. 결국 퇴직 후 가장 이상적인 상황은 의미 있는 일과 경제적 보수가 일치하는 것이다.

E는 퇴직 후 자신의 적성과 하고 싶은 일을 찾는 과정에서 두 가지 가치를 결합할 수 있는 기회를 얻게 되었다. 적성을 찾다 보니 의미 있는 일을 하게 되었고, 일에 집중하다 보니 보수가 생겼다.

나도 처음에는 잘 모르겠더라고. 딱 그만뒀는데 워낙 우리 세대는 틀에 짜여서 왔던 세대니까 거기서 1등만 하려고 했지 딴 거는 잘, 이런 희생을 하던 세대다 보니까 뭘 하고 싶은지를 잘 모르겠더라고. 처음에는 어떻게 보면 그런 재능을 다 자른 거지. 클 때 '내가 뭐 이런 걸 하고 싶다'라는 이런 생각이 있었을 텐데 그걸 다 자른 거지. 버크만 프리뷰라고 해서 그 자기 적성, 나는 어떤 사람인지, 어떤 직업이 나한테 맞는지, 내 재능이 뭔지, 이런 거를 하는 프로그램도 있어요. 버크만 프리뷰라고. 그거를 인제 거치면서 많은 아, 내가 좀 교육이나 컨설팅이 옛날에 해보던 건 아니잖아, 뭐 관련은 있지만. 내가 그런 쪽에 관심도 있는데다가 적성도 맞을 것이라고 했는데, 실제 이렇게 해보니까 적성이 그게 제일 맞는 걸로 나오더라고. 그래서 이건 내가 좀 해보고 싶다 그래서 그런 방향을 잡았고 거기에서 이제 그런 방향을 내가 잡으니까 사회 공헌 쪽으로 좀 관심도 있어서 그 행복설계아카데미 ㅎ 교육도 받았고 그러고 인제 그런 쪽에 회사를 세운 거지. (E, 재취업)

그는 직장에서 경쟁하면서 자신의 재능들을 잃게 되었다고 이야기했다. 그리고 퇴직 이후에야 젊은 세대처럼 진로에 대해 고민하기 시작했다고 했다. 그는 다행스럽게도 회사에서 제공하는 아웃플레이스먼트 회사와의 연계를 통해 버크만 프리뷰[21]라는 코칭 교육을 받을 수 있었다. 그리고 ㅎ에서 운영하는 행복설계아카데미의 교육도 받았다. 함께 교육받은 사람들과 서울시에서 시니어센터 공모를 통해 인생 설계 교육, 재무 교육, 소상공인 사업 평가 및 컨설팅을 시작했다.

갑자기 공적 영역과 자원이 사라져 버리면서, 퇴직자들은 상실을 대체할 만한 다른 요소들을 찾게 된다. 의미 있는 일이나 사회적 기여는 퇴직자들이 자신의 축소된 사회적, 경제적 자원을 도덕적 위치를 통해 회복하는 방법을 제공한다. 그리고 여전히 자신을 사회 혹은 국가의 미래와 연결한다. 자신이 도덕적으로 우위에 있다는 성과로 자신의 가치를 증명하고자 하는 것이다. 퇴직을 통해 떠나야 할 때를 알고 아름답게 한 발 물러선 이들은 지속적으로 아름답게 남기 위해, 누군가에게 베푸는, 타의 귀감이 되는 삶을 살아가야만 한다. 이는 퇴직 이후의 심리적 낙차를 최소화하는 방패막이인 동시에, 성공할 경우에는 풍요로운 삶까지 제공하는 도약의 기회인 것이다.

경제적 도구

경쟁과 효율은 이들이 살아오면서 자연스럽게 획득한 삶의 가치들이다. 특히 E는 경쟁이라는 말을 자주 사용했는데, 이는 그가 자신을 설명하는 가장 핵심적인 단어였다. 젊은 사람은 힘들더라도 경쟁해야 하며 나도 그렇게 살아왔다는 것이 E의 가치관을 반영한다. 이러한 태도는 그가 대기업의 임원직까지 승진할 수 있었던 원동력이기도 했다. 스스로 "경쟁을 즐기는 사람"이라고 소개한 E는 실제로 경쟁을 내면화한 듯했다.

> 이쪽(사회적 기업) 사람들을 만나면 묻는 게 있어요. 생활하는 거에 대해서 만족을 하느냐, 그러면 다들 많은 사람들이 만족을 한다 그래요. 그러면 대기업도 있고 뭐… 은행도 있고 진짜 어떻게 보면 치열한 데도 있는데 그런 데 가서 경쟁하는 게 두려워서 이런 거 하는 게 아니냐, 난 그걸 꼭 물어요. 기본적으로 직장 생활 할 때도 그… 뭐 최선은 하지만 최선… 이전에 뭐… 그 프로세스도 중요하다 그니까 경쟁… 나는 뭐 경쟁하는 거를 지금도 좋아하긴 하는데 그 경쟁을 하는 것도 공정하게 하고 뭔가 그… 올바른 방법으로 경쟁하고 또 경쟁했는데 내가 지면 인정해 줘야지. 이 사람이 나보다 더 열심히 했고 역량도 있고 똑똑하기도 하고 하면 아, 내가 했지만 졌다. 그러고 받아들이고 뭐 인제 그런… 거는 나는 뭐. 그냥 끝까지

죽기 살기로 하겠다, 뭐 경쟁을 해서 그렇게 져보진 않았지만 그런, 질 때도 있지. 그럴 때는 이런 점이 내가 졌다. 그리고 그 런 거에 대해서 받아들이고 어 좀 이렇게 해야지, 그런 그걸로 그렇게 상처를 받고 그러진 않았어요. 최선을 하는 게 더 중요 하고 올바르게 하는 게 더 중요하다고 생각을 하고 뭐 했지 이 렇게… 뭐 선의의 경쟁? 이런 쪽으로 좀 생각을 하는 편이지. 또 속은 상하지, 지고 나면. 근데 그거 뭐 다 그런 거 아닙니 까? 성장이라는 거를 목표로 하면 잃는 사람이 너무 많은 거 거든, 사실은. 성장이라는 개념이 그거 아냐, 어떻게 보면 승 자 독식이니까. (E, 재취업)

E의 경쟁적 적응은 끊임없이 활동하는 것으로 드러난 다. E에게 경쟁은 승자 독식의 시스템에서 승자로 살아남기 위한 일종의 강박이었다. 이러한 강박은 자신이 퇴직했음에 도 불구하고 쉬지 않고 무언가를 하고 있다는 것을 통해 드러 난다. 실제로 퇴직자들은 주말에도 외부 활동을 나가는 경우 가 많다. 주말에는 각종 경조사를 비롯하여 동창 모임 등에 참 석했고, 약속이나 다른 일정이 없는 경우는 등산이나 골프와 같은 운동을 하고 있었다. 각종 모임이나 외부 활동들은 또래 의 다른 퇴직자들을 만날 수 있는 장소를 제공하는데, 이 장소 에서 퇴직자들은 동질적인 집단에 의해 위안을 받기도 하고,

다른 사람들과 비교해 불안감을 느끼기도 한다. 이때 비교 기준은 현재 하고 있는 일, 그리고 자녀의 직업과 결혼 등이다. 이들에게는 여전히 경쟁을 가능케 하는 비교 기준으로서의 타인이 필요하다. E뿐만 아니라 B도 비슷한 이야기를 했다.

쉬지 않고 움직여야 해요. 왜 그러겠어요. 이게 지금까지 살아온 방식이거든. 아침 일찍 일어나서 회사 갔다가 주말 시간을 활용을 잘해야 또 회사에서 경쟁하는 데 도움이 되니까. 그렇게 30년을 살아왔다고. 다들 비슷비슷할 거야. 이게 사실 별거 아닌 거 같아도 만약에 이제 직장에서 승진 심사를 본다, 그랬을 때 같은 사람을 놓고 보면 누굴 승진시키겠어. 첫째는 능력이 있어야지. 둘째는 나랑 조금이라도 잘 맞거나 아는 사람이어야겠지. 셋째는 소위 요즘 말하는 스펙, 기준이 있어야 되는 거야. 그게 없으면 누구도 능력을 알아주지 않는다고. 그러니까 이제 퇴근하고 나면 학원 가고 주말에 공부하고 그러는 거지. 진급 누락돼서 그 자리에 계속 있으면 누구도 알아주지 않는 거야. 알아주려면 또 어떻게 해야겠어. 나한테 관심도 없고 내가 누군지도 모르는 사람이 내 능력을 알아봐 주지 않는 거야. 사회생활이라는 거는 내가 누군지를 상대방한테 잘 기억하게끔 만들어야 된다는 거지. 그게 아니면 다 도태됐던 거야. (B, 재취업)

인사 고과의 영향력은 이후 IMF 금융 위기 당시에 효과를 발휘했다. 기업 간 인수 합병이 진행되고, 그 과정에서 대규모 정리 해고가 단행된 것이다. 고임금에 정년을 눈앞에 둔 사람들은 정리 해고의 우선순위에 있는 사람들이었다. 인사 고과 점수는 당시 화이트칼라들에게 언제라도 명예퇴직을 당할 수 있다는 생각을 갖게 만들었다. 회사인간들은 살아남기 위해 경쟁을 하게 되었다. 경쟁에서 유리한 위치를 점하기 위해서 가장 필요한 가치가 바로 효율이었다.

현재 퇴직자들은 이러한 경쟁과 효율의 시기를 지나온 사람들이다. 직장 선배들이 줄줄이 퇴직해 나가는 것을 보면서, 경제 위기가 자신들에게 직접적으로 영향을 끼칠 수 있다는 것을 알게 된 이들은 생존을 위해 경쟁과 효율이라는 가치를 더욱 강화할 수밖에 없었다. 이런 퇴직자들이 경제 위기를 극복하게 한 가치, 즉 경쟁과 효율을 취업난에 처해 있는 자녀 세대에게 강조하는 것은 당연한 일이라고 볼 수 있다. B와 E는 소위 '88만원 세대'라고 불리는 젊은이들에게 경쟁과 효율의 가치를 전달하고 싶어 하는 모습이 역력했다. H가 재직 시절에 EMBA 과정을 이수한 것은 경쟁에서 승리하기 위해 노력했던 자신을 증명하는 일종의 트로피였다.

퇴직자들은 재직 당시보다 시간이 많아졌지만 이러한 시간을 낭비하지 않고 일을 하면서 보내고 있다는 점을 강조했다. 자신이 여전히 효율적인 삶을 살고 있고, 공적 영역에서 가치가 있다는 것을 보여 주고 싶어 했다. 이들에게 효율은 돈이나 시간에만 국한된 개념이 아니다. 사람과의 관계에서도 효율은 적용된다. 앞서 설명한 경조사에 참석하는 방법에서도 관계의 효율성은 드러난다.

내가 고민을 많이 한 것 중에 하나가 그거예요. 우리 큰애는 인제 국내 학부 다니고 알바 하고 그랬으니까 돈이 많이 안 들어가요. 많이 안 들어가지만 작은 애는 미국 저기 사립을 보내다 보니까 이것저것 합치면 1년에 1억 정도 들어갑니다. 그니까 학비만 5만 달라 아닙니까. 고 4년 보내고 그 전에 준비 과정 보내면은 영국 대학원 가는 것도 잘 아시겠지만 돈이 한두 푼 들어가는 것도 아니잖아요. 근데 마침 영국 대학원은 장학생으로 갔기 때문에 그냥 그 거주비만 있으면 되기 때문에 한 달에 200만 원 정도 들어가니까. 이게 영국 대학은 석사 과정이 1년 아닙니까. 짧고 전부 다 한꺼번에 하는데 차마 어떻게 거절을 못한다는 거예요. 빚을 내서라도 또 대출 더 받아서라도 또 보태 줘야 되는 거지. 그래서 그게 참 이게 뭐라 그럴까, 남들 같은 경우는 아, 애가 임페리얼 칼리지 의대를 장학생으로 갔다, 하면은 와, 그거 어떻게 하면 1년에 대한민국에서 몇 명이 갈 텐데 그렇잖아요. 뭐 의대 랭킹으로 하면은 다섯 손가락 안에 드는 학교니까 우리나라 서울대 의대가 주욱 밀렸을 텐데. 거기다가 학비도 장학생으로 갔다는데 그걸 어떻게 안 보내. 그니까 참 은퇴 설계가 무엇이 우선이냐, 아⋯ 이 계속해서 자식이 뭐 하겠다 하면은 부모는 계속 끌려가는 거죠. 내 의지와는 상관없이. 그래 갖고 지금도 카드를 주고 저기 하면 300만 원 이상이 들어갑니다. 생활비가. 그러면 그 비용은 계속해서 있는 자산에서 마이너스 통장 대출받아 갖고 계속 넣어 줄 수밖에 없는 게 이게 다 내가 은퇴, 앞으로 내가 30년은 살아야 되는데 거기서 계속 마이너스 되가는 거죠. 내 아들 스카이(서울대, 고려대, 연세대의 약칭) 다녀, 하면은 친구간에 말하기 좋으니까, 모양 나니까 이게 투자를 해야 배팅을 하고. 나도 똑같다는 거예요. 우리 애 뭐해. 그 말 한마디. "우리 애는 임페리얼 칼리지 의대 다녀. 찾아봐. 인터넷에 찾아보면 다 나올 거야. 하바드급이야." 요 말 한마디, 요 폼 잡는 거 때문에 내 거는 아무것도 못한다는 거야. 그니까 내가 조금 이렇게 폼 잡는 거 그만큼이 내 비용에서 엄청나게 노후 대책이 안 된다는 거지. 참 이게 아이러닉한 거야. 이게. (I, 재취업)

I는 서울 반포의 재건축 아파트에 살고 있고 자녀를 모두 대치동 8학군에서 교육시켰다. 현재 아들은 군 복무 중이고 딸은 영국의 명문 의대에서 유학 중이다. 퇴직자들의 경쟁

이라는 가치를 두고 본다면 적어도 그는 부동산 자산과 자녀 교육이라는 측면에서 우위를 느낄 만한 요소를 가지고 있다. 자녀가 하고자 하는 일을 지원해 줘야 한다는 생각도 있지만 I가 고백하듯이 "딸이 명문 의대를 다니고 있다는 말 한마디를 위해서" 노후 준비에 필요한 비용을 줄일 수밖에 없다. 심지어 현재 살고 있는 아파트도 전세로 전환해야 할 정도로 경제 사정이 어려워지고 있었다.

I는 단자 회사 출신답게 자녀에 대한 투자를 주식에 비유하며 "오버베팅over-betting"이라고 이야기했다. 현실적으로 자녀 세대가 성공한 직장을 갖는다 하더라도 세금과 자녀 교육비를 제외하고 나면 결국 부모에게 되돌려줄 수 있는 것이 "없다"는 것이다. 경제적 효율성의 면에서는 정반대의 상황이 연출되고 있는 것이다. 이런 상황에서 그가 장학생과 '하바드급'이라는 말을 빼놓지 않고 언급할 수 있는 것이 비효율적인 상황에 대한 그나마 보상인 셈이다.

퇴직 이후에는 인사 고과도 없고 획득할 만한 트로피도 존재하지 않는다. 하지만 퇴직자들은 재직 시 형성된 삶의 관성에 따라 끊임없이 움직인다. I처럼 자녀와 관련한 문제에서 부모들은 비효율적인 상황임을 알면서도 생각대로 태도를 바꾸지 못한다. 따라서 퇴직자들은 "눈에 보이는 성과"에 집중한다. 이는 회사인간들의 성취 지향적 성격을 드러낸다. 자신의 행위에 대한 보상과 결과가 드러나야 만족감을 느끼는 것이다. 성과는 눈에 보이는 지표이자 성취한 결과물이다. 그런 의미에서 자식의 학벌은 눈에 보이는 지표이자 자녀 교육의 성과라고 볼 수 있다. 이러한 결과물은 다른 퇴직자들과 경쟁하는 도구로 활용된다.

퇴직자들은 자신이 내면화했던 경쟁-효율-성과로 이어지는 가치에 여전히 믿음을 가지고 있다. 특히 오늘날 신자유주의적 흐름에 따른 자기 계발의 논리는 이러한 믿음을 더욱 강화하는 방식으로 접합한다. E와 I의 이야기에서 알 수 있듯이, 퇴직과 동시에 회사인간으로서의 가치가 더 이상 유효하지 않다는 것을 알게 되었기 때문에 경쟁력을 확인받고 싶은 욕구는 더 강해진다. 회사를 벗어나는 순간 경쟁해야 할 대상과 성취해야 할 목적이 혼재되면서 무엇에 대한 효율이 필요한지 혼란을 겪는 것이다.

결국 퇴직자들은 88만원 세대만큼 자신의 미래가 불안할 수밖에 없다. 여전히 경제적 성취를 강조하는 미디어는 사회복지학에서 이야기하는 삶의 만족도라는 측면에서 장년층의 빈곤과 소외가 진행되고 있다는 점을 강조한다. 이는 퇴직자들이 여전히 노동 중심 사회 안에 존재해야 한다는 강박을 더욱 강화한다. 동시에 이들을 생계 부양자로서의 역할에서 벗어나지 못하게 한다.

꼰대와 멘토 사이

퇴직자들은 현직으로 일하는 동안, 가정에서 대화할 기회가 많지 않기 때문에 가족들과의 관계에서 소통의 어려움을 겪게 된다. 이들은 소위 멘토와 꼰대 사이의 갈림길에 놓인다. 멘토 현상은 88만원 세대의 등장과 함께 부각되었던 흐름으로, 취업난과 더불어 비정규직 공포에 시달리는 청년 세대의 현실과 맞닿아 있다. 한국 사회의 멘토는 젊은 세대들에게 자신의 경험을 통해 인생에 대한 조언과 격려, 질책을 하고 청년의 불안을 다독여 정상적으로 사회의 일원이 되게끔 만드는 일종의 산파 역할을 맡았다.

퇴직자들에게 누군가의 멘토가 된다는 것은 사회적 지위의 회복을 의미한다. 이는 발달심리학에서 제시하는 중년 이후의 성숙성generativity이라는 개념과 부합한다. 멘토는 성숙한 어른이 되고자 하는 퇴직자들이 지향하고자 하는 모델인 것이다. 여기서 성숙성이란 성인 후기에 중년을 마무리하는 과정에서 나타나는 특성이다. 성인으로서 후손에 대한 관심과 타인에 대한 복지 등 생산성에 대한 문제에 관심을 갖게 되면서 나타나는, 자신의 유한성을 넘어서려는 생리적이고 문화적인 본능을 의미한다.

B는 가정에서 축소되어 있는 자신의 위치를 다시 찾기 위해 젊은 세대인 아들에게 멘토이자 존경받는 아버지가 되

고 싶었다.

이제 집에 있으면 "아들아, 세상은 이렇단다"라고 이야기해
주고 싶은 거지. 요새 뭐 하나 궁금하고. 근데 나중에는 이렇
게 해라, 저렇게 해라 이렇게 잔소리가 되는 거야. 안 그래도
한 얘기 또 한다고 집사람이 면박을 줘. 애들도 그런 얘기하면
별로 안 좋아하고. (B, 재취업)

B의 자기중심적 태도는 오히려 반감을 샀다. 파스토가
기계형 남성에서 설명했듯, 퇴직자들에게 자기중심적 태도가
구성되는 원인은 두 가지를 들 수 있다. 우선 회사인간으로서
의 퇴직자는 헌신적 태도로 회사와 자신을 동일시했지만 내
부적으로는 구성원 간의 경쟁 관계에 놓여 있었다. 내밀함을
공유하는 것은 경쟁에서 뒤처지는 원인이 되는 상황에서, 회
사 생활을 하는 약 30년 동안 그들의 공감 능력이 다소 약화
되었다고 판단하는 것이 합리적일 것이다. 둘째로, 회사에 매
달린 가장이 가정에서 부재한 가운데 나머지 구성원들은 가
장이 없는 가정을 구축할 수밖에 없었다.

결국 이 두 가지 요인이 결합하면서, 퇴직자들은 가족들
과 소통하기 어려워졌다. 그들은 회사에서 하듯 감정의 내밀한
부분을 드러내지 못하거나 일방적인 소통 방식을 취한다. 이 지

점에서 멘토가 되고자 하는 그들의 노력은 꼰대로 비판받는다.

30년간 조직 생활을 한 B의 눈에, 취업 준비 중인 아들은 부족한 점이 너무 많다. 사람을 평가해 온 자신의 공적 시선으로 아들에게 조언을 하고 싶지만, 결국은 마치 부하 직원을 나무라듯 잔소리를 하고 만다.

중학교 교장을 지냈던 J는 자신을 "파시스트"였다고 평가했다. 엄격하게 학생들을 통제한 것은 애정이라고 생각했지만, 지금 돌이켜 보면 "지나치게 의욕이 앞섰던 것"이었다. 그는 이미 학생들로부터 꼰대 취급을 받았지만, 그것이 그의 교육 철학에 위배되는 것은 아니었다. 반면 가족에게는 꼰대로 대우받길 원하지 않았다. 그는 자녀가 하고자 하는 일이 있으면 특별히 간섭하지 않으려 노력했다고 설명했다.

> 우리 아버지도 그랬어. 내가 어렸을 때 말이지, 열아홉 살 때부터. 내가 뭐 하겠다 했을 때 별 말씀은 없었다고. 공고 갔다가 대학 가려고 했던 것도 다 내가 결정했거든. 우리 애들도 난 그렇게 키웠어. (아들이) 안타까워. 대학에서 너무 사회의 공정하지 못한 면들을 먼저 본 것이 아닌가. 어울리는 친구들도 그렇고. 옷도 좀 좋은 거 사 입으라고 해도 본인이 싫다 그러니까. 자기 앞가림하는 건 대견스러운데 손이 닿는 곳에 있었으면 좋겠어. 자꾸 유학 간다고 하고 군대도 안 간다고. 군

대는 내가 양보했거든. (J, 휴직)

J의 아버지 세대는 꼰대가 아닌 어르신으로 대우받을 수 있었다. 한국 사회는 혈통과 관계없이 성인 남성을 아버지로 대우하는 전통이 있었다. 스승과 임금, 아버지가 같다는 군사부일체라는 말이 이와 같은 전통을 나타내 주는 말이다. 서구에서 아버지가 '신God'이라면 한국에서 아버지는 국가로까지 확장되는 복수複數의 개념이다. 따라서 이들은 세세한 것을 간섭하지 않더라도 권위를 유지할 수 있었고 이것이 한국의 가부장제를 뒷받침하는 문화적 기반이었다.

J가 자녀들에게 원했던 것은 그의 아버지처럼 간섭하지 않아도 자연스럽게 형성되는 말 없는 권위였다. J는 그의 아들이 통제 가능한 범위 내에 있기를 바라지만 아들의 의지와 충돌하기 때문에 내적 갈등을 겪고 있다.

B가 직접적으로 잔소리를 하는 경우라면 J는 잔소리를 못하는 경우다. 아들에게 바라는 점이 있어도 쉽게 이야기를 꺼내지 못하거나 화를 내는 방식으로 표현하는 것이다. 때문에 B와 J 둘 다 자녀와 소원한 관계에 놓이게 되었다. 이들의 행위는 어른으로 대우받고자 하는 욕망과 가족의 구성원이고자 하는 욕망이 충돌한 결과라고 할 수 있다.

현직에 있을 동안 형성된 관리자로서의 정체성은 회사

인간으로서 가지고 있던 위계적 질서를 가정에서도 구현하게 되는 이유다. 단순히 소통의 문제가 아니라 가족이라는 소단위 조직을 이끌어 나가야 하는 리더가 되어야 한다고 생각하는 것이다. A의 이야기로부터 관리자의 정체성이 가족들에게 어떻게 영향을 미치는지 짐작할 수 있었다. 다음은 "가족들과 대화를 자주 하시냐"는 질문에 대한 A의 대답이다.

예를 들면 예전에 은행은 한 지점에 30~40명씩 근무했어요. 지금은 20명 내외니까 어떻게 보면 편하다고도 할 수 있는데 어쨌든 우리(지점장)들은 이 인원들을 통솔하는 거지. 근데 이게 참 그래. 내가 집에 오니까(퇴직하니까) 자꾸 가족들한테 이래라 저래라 하는 거예요. 목소리도 커지고. 난 그걸 우리 집사람이 얘기해 줘서 알았어. 자기 부하 직원한테 하듯이 하지 말라고. 나도 모르게 그러고 있는 거야. 30년 세월이 어디 가나. 자기들 먹여 살리느라 그랬지. (그게 고쳐야 하는 점일까요?) 고칠 점이긴 한데 나중엔 무슨 말만 해도 그렇게 대꾸해 버리니까 난 할 말이 없어. 그럴 때 화도 나고 서운하기도 하지. (A, 휴직)

A는 지점장 시절의 관리자 정체성에 의해 자신도 모르게 가족들을 직원들처럼 대하고 있다는 것을 깨달았다. 가족

의 구성원이 되고 싶지만, 여전히 관리자인 그의 태도는 소통에 걸림돌이 되고 말았다. A가 잔소리를 하는 이유는 주로 "가족들의 나태함"이었다. 그는 "주말에도 쉬지 않고 활동하는" 자신과는 달리 가족들이 정적인 모습을 보이는 것을 지적했다. 이유 있는 잔소리를 관리자 정체성으로 환원해 버리는 가족들에게 그는 서운함을 갖게 되었다. 소통하거나 가정을 이끄는 역할을 맡으려는 시도가 꼰대 이상의 의미를 갖지 못하는 것 때문에 스트레스를 받고 있었다.

퇴직자는 관리자로서의 위계적인 관계 구조를 내재화하고 있는 사람이다. 낯설어진 가정과 대면했을 때 마땅히 사회적으로 차용 가능한 서사가 없으면 자신의 경험으로부터 비롯되는 서사를 재현한다. 즉, 이들은 관리자 정체성을 대체할 새로운 정체성을 익힐 기회가 없다. 방법을 모르니 회사에서의 문제 해결 방식을 다시 택하는 것이다.

관리자 정체성은 한국 사회의 남성적 위계질서를 대표하는 것이기도 하다. 가부장적 가족 제도와 회사에서 체득한 군사적 조직 문화는 "위아래가 뚜렷한" 특징을 가지고 있다. 참여자들 중 일부가 고전 읽기를 계획하거나 즐기고 있다고 이야기하는 것, 그리고 여기에서 삼강오륜三綱伍倫과 같이 유교적 질서를 발견하는 것은 전통적으로 가장이 가지고 있던 권위에 당위성을 제공하기 때문이다. 이들에게 가정적인 사람이 되는 것은 권위를 가진 사람이 가족에게 베푸는 일종의 시혜적 성격을 가지고 있다. 위계에 따른 권위 확보가 용이했던 회사에서는 베푸는 행위를 통해 자신의 권위를 강화하거나 확인할 수 있었기 때문이다. 그들은 여전히 동굴에서 벗어나지 못하고 있는 것이다.

꼰대라는 표현과 같이 퇴직자를 풍자하는 이야기들은 이들이 권위를 확인하는 방식이 실패하고 있으며, 권위가 없어진 현실을 파악하지 못하고 있음을 보여 준다. 회사인간의 소통 방식을 여전히 유지하고 있는 퇴직자가 가족 구성원들에게 어떻게 비춰지는지를 짐작할 수 있는 대목이다. 이러한 상황에서 가족과의 화해를 시도하는 퇴직자들은 가정적일수록 가정적이지 않은 사람이 되는 딜레마에 빠지게 된다.

제2의 인생 담론은 퇴직자들의 과거를 희생으로 의미화한다. 가족의 생계를 꾸려 나가느라 새벽같이 출근해서 회사라는 전쟁터에서 끝까지 살아남기 위해 경쟁하며 때로는 꿈을 접고, 때로는 자존심을 버려야 했던 사람들이라고 말한다. 화해와 소통에 "실패했다고 생각하는" 퇴직자는 자신을 희생자로 인식하게 되고 가족과의 소통은 더욱 힘들어진다. 이러한 담론은 퇴직자들이 가정에서 그동안 수행해 왔던 재생산 기능을 삭제한다. 그리고 퇴직자 집단의 공감 능력이 약해져 있다는 것을 간과한 채 여전히 도구적 존재로서 경제적 역할의 수행을 강조한다. 그래서 가족과의 친밀성을 회복하거나 사회적 지위를 회복하려는 퇴직자들의 시도는 계속해서 미끄러지게 된다.

회사인간 세대

참여자들의 자기 재현은 새로운 국면에 처한 상황에 적응하고자 하는 노력이다. 회사인간이었던 퇴직자는 다양한 차원의 문제를 겪기도, 유발하기도 한다. 이 과정은 세 가지 원인으로 분류해 이해할 수 있다.

첫째, 이들은 공적 영역에 묶여 있던 존재들이었고, 공적 존재로서의 생존에 집중해 왔던 사람들이다. 이들은 "가정을 지키기 위해서" 더욱 열심히 일해야 한다는 당위적 목표 아래에서 살아왔다. 회사에 충실한 것도 가족을 먹여 살리기 위해서였다. 회사인간들의 공적 지향성은 가족 이데올로기를 통해 더욱 강화되었다. 회사 안에서의 성공이 가정을 행복하게 한다는 생각은 회사인간들을 공적 영역 안에 묶어 두는 동력으로 쓰였다. 당시 광고나 미디어 등은 열심히 일하는 가장을 행복한 아빠로 그려 내면서 가족 이데올로기를 더욱 강화했다. 즉, 직업에의 헌신이 가족을 위하는 길이며 가족으로부터 사랑받을 수 있는 길이라고 여기게끔 만들었다. 그러나 실제 가정에서 가장은 경제적인 역할에만 제한되기 시작했고, 가족 내에서 부재한 사람, 돈을 벌어 오는 도구적 존재로 전락했다.

공적 영역에서 벌어지는 남성 간의 경쟁은 회사인간 정체성의 과도한 내재화로 이어졌다. 공적인 성과를 강조하는 경쟁 체제에 익숙한 퇴직자들은 퇴직 후에도 누군가에게 인정받고 싶어 한다. 인터뷰를 하는 필자에게 자신의 가치와 역할을 과시하고 재현한 것도 이러한 욕구를 충족하는 과정이었던 셈이다.

둘째, 퇴직자들은 회사인간 아비투스[22]가 유효했던 회사라는 공간에 있던 사람들이다. 조직에서 30년 가까이 위계질서를 체화한 이들은 차츰 고위직으로 상승 이동함에 따라 연장자로서, 상급자로서, 리더로서 위치하게 되었다. 이들에게 기대되는 사회적 덕목은 조직 내에서 발생하는 문제를 지혜롭게 해결하고 결단력과 지도력을 갖추어 조직을 이끌어 나가는 것이다. 여기에 한국 사회의 권위주의적 문화는 상급자와 다른 조직원 사이의 관계를 형식적으로 만든다. 그리고 형식성은 상급자가 비판적으로 자신을 반성할 수 있는 환경을 약화시킨다. 퇴직으로 상급자의 지위를 잃는 순간은 "내가 생각하는 나"와 "타인이 생각하는 나" 사이의 괴리를 극명하게 느끼게 되는 기회인 셈이다.

셋째, 회사인간의 정체성은 퇴직자들의 소외 현상을 가져왔다. 퇴직자는 소통과 공감 능력이 축소되었다는 것을 쉽게 인지하지 못하고 가정 안에서 여전히 회사인간의 태도를 취한다. 남성 퇴직자들을 희화화하는 이야기들은 이들이 가정 안에서 권위적 태도와 일방적인 소통 방식을 보이면서도 실상은 무능한 모습을 지적한다. 재직 당시 공적 영역에 과도하게 귀속되었던 이들은 공적 관계 밖에서 소통하는 방법을 잊어버렸다.

이처럼 탈회사인간화는 근대 산업 자본주의 사회에서 일어난 과도한 공적 영역의 확장과 이에 따른 문제를 보여 주는 과정이다. 탈회사인간화된 사람들은 근대 산업 자본주의 사회의 핵심으로부터 집단적으로 벗어나면서 사회적 변화를 드러낼 수 있는 위치에 서게 된 것이다.

참여자들 또한 약 30년간 회사 안에서 통용되는 호칭, 언어 등을 사용하면서 회사인간으로 살아왔다. 위계 서열 중심의 조직에서 성장한 과정은 경쟁 지향적 성향과 더불어 내면적 인간관계를 상실하는 결과를 낳았다. 퇴직하기 전까지 이러한 성향은 문제가 되기보다는 오히려 강할수록 더욱 인정받는 장점이었다.

30여 년 전 한국의 상황은 회사인간을 시대적 흐름으로 만들어 내는 데에 일조했다. 압축적 근대화와 대기업과 같은 다단위 조직의 형성은 해방이라는 과거와 전후 재건이라는 현재, 선진국 진입이라는 미래의 목표 아래 회사원이 산업 사회의 역군으로서 회사 성장을 이루고, 나아가 국가 성장을 이룰 수 있다는 것을 느끼게 했다. 근대화 과정에서 공적 영역의 무한한 확장은 과도한 남성성을 내면화한 동굴 속 황제들이 생겨나는 배경이었다.

참여자들은 각자 조직의 의사 결정자 위치에서 퇴직한 사람들이다. 퇴직 전까지 이들은 자신들의 방식대로 성공한 남성이었다. 대부분 IMF 경제 위기에서 살아남았기 때문에 자신의 방식과 가치로 위기를 극복했다고 믿었다. 문제는 퇴직 이후다. 자신들을 성공으로 이끌어 준 가치들이 더 이상 유효하지 않은 상황에 처하게 된 것이다. 더 이상 ○○○ 이사님, □□□ 지점장님으로 불리지 않는다는 것은 첫 번째로 경험하는 사회적 지위 하락이다. 회사에서는 자신의 지시를 통해 가능한 일들이 많았다. 비서나 다른 부하 직원들은 상급자를 모시는 데 최선을 다했다. 그러나 퇴직 후 수족처럼 부릴 수 있는 사람이 없다는 것은 개인적인 차원의 사소한 불편함이다. 더 큰 문제는 달라진 주변의 대우다. 사람들이 자신을 "만만하게 보는" 것이다. 그러면서 차츰 과거의 직장 동료들과 소원해진다. 이는 자신이 조직 내에서 누렸던 위계적 권위를 잃었음을 실감하는 사건이다.

회사 생활 30년은 가정에서의 부재 기간 30년과 같다. 퇴직자들은 가정이라는 낯선 환경에 적응해야 하는 상황에

봉착한다. 여기서 중요한 것은 "왜 가정이 낯선가"이다. 가족을 위해 직장에서 산전수전을 겪었음에도, 당연하게 여겼던 가장으로서의 권위가 애초에 없던 것 아닌가 하는 생각마저 갖게 되는 것이다. 가정은 원래부터 자신에게 종속된 공간이라고 믿었는데 실상은 그렇지 않다. 동시에 축소된 경제적 능력은 자신이 담당해 왔던 생계 부양자로서의 역할에 대한 위협으로 작용한다.

이들은 2010년대 이후부터는 자기 계발적 주체가 될 것을 강요받기 시작했다. 버림받거나 초라한 노후를 맞이하지 않으려면 제2의 인생을 치밀하게 기획해야 한다. 지금까지 자신이 가지고 있던 회사인간으로서의 정체성을 하루빨리 버리고 자기가 하고 싶었던 일을 하고, 젊음을 지향하며, 가족 중심적인 태도를 갖춘, 다음 세대에게 조언해 줄 수 있는 어른으로서 새로운 삶을 살아야 하는 것이다. 자산 관리와 같은 경제적 능력은 당연한 전제 조건이다.

그러나 실상은 가용 자원이 부족한 퇴직자일 뿐이다. 퇴직자라는 정체성마저 모호하다. 자신이 노인인지, 중년인지 혹은 다른 어떤 개념인지 혼란스럽다. 이는 곧 자신의 역할에 대한 혼란을 일으킨다. 정체성이 확보되지 않은 상태에서 발생하는 위협과 갈등에 이들은 개별적으로 대응할 수밖에 없다. 회사인간이라는 정체성, 퇴직자라는 현실 모두 구조적으로 형성된 것임에도 불구하고 혼자서 감당해야 하는 것으로 여기고 만다. 그리고 가장으로서의 권위를 유지하기 위해 "소리 내 울지 못하는" 상황에 처한다.

　참여자들은 두 가지 태도를 통해 퇴직으로 겪는 변화와 위협에 의한 충격을 줄인다. 한 가지 태도는 과거 서사를 축소시키는 대응으로, 애초에 자신이 작은 것에 만족하는 사람이라는 점을 내세우면서, 높은 사회적 지위에서의 하락을 겪는 것이 아니라 원래 있어야 할 위치로 돌아온 것으로 설명한다. 그래서 참여자들은 자신의 계급 정체성이 삼겹살과 소주로 회귀하여 기쁘다고 이야기한다. 축소된 인간관계도 과거에 비해 행복하다고 이야기한다. 비즈니스가 개입된 공적인 관계에서의 피로감을 떠나 친밀한 관계만 남게 되는 것은 사회적 존재로서의 자기 영역이 축소됨을 의미하지만 자기 기대를 낮추는 행위를 통해 극복하고자 하는 것이다. 그리고 축소된 자원과 사회적 지위는 도덕적 위치의 확보를 통해 회복하려 한다. 이들은 공통적으로 의미 있는 일을 통해 기여를 하겠다고 말한다. 사회적 기여 행위의 의미는 자신이 베풀 수 있는 계층이라는 것을 과시하려는 욕구의 다른 표현이다.

　퇴직자들이 공적 영역에서 습득해 온 과시적이고 위계적인 태도는 '동굴 속 황제'의 특징이다. 이들은 타인보다 우월해야 하는 진선미의 신분적 위계를 내면화하고 있다. 동굴 속 황제는 자신이 타인보다 더 올바른 생각을 하며, 더 선한 마음을 가지고 더 아름다운 존재임을 드러내고자 한다. 이러한 태도는 퇴직 이후 가정으로 편입된 참여자들이 소통 방식에서 문제를 겪는 원인이 된다.

참여자들은 미디어에서 재현하는 무능하고 나태한 꼰대가 되지 않으려 가사 영역에 충실한 모습을 보이고자 한다. 한동안 대화가 단절되었던 가족들과의 관계를 회복하기 위해서는 가족 식사라는 자리를 만들어 내려 노력했다. 요리를 하거나 빨래, 청소를 하는 등 가사 노동을 시작했다. 그러나 이 과정에서 이들이 습득해 온 공적 영역에서의 문제 해결 방식은 어김없이 드러난다. 가사 노동 후에 이것이 자신의 성과라는 생색을 냈고, 회사에서 동료애를 형성하기 위한 회식처럼 형식적인 가족 식사를 주최하려 했다. 공적 영역에서의 문제 해결 방식은 가족들에게 거부감을 일으킨다. 가족들에게는 잔소리꾼, 피곤한 사람이 생긴 것일 뿐이다.

자신만의 방식으로밖에 소통할 수 없는 동굴 속 황제의 자기중심성은 공적 영역에서 벗어나는 순간 갈등의 요소로 작용한다. 공적 영역에서의 소통 방식은 퇴직자들의 의도와 상관없이 자신이 원하는 모습과 정반대의 모습을 만든다. 자녀들에게 존경받는 아버지이고 싶고, 의미 있는 일에 대한 비전을 제시하는 진선미의 위계 제일 위에 위치한 어른이자 멘토가 되고 싶지만, 결과는 꼰대다. 가정 안에서 잔소리꾼이자 꼰대가 되어 버린 퇴직자는 이상과 현실의 차이를 실감하게 된다.

아버지의 마이웨이

어디선가 프랭크 시나트라Frank Sinatra의 〈마이 웨이My Way〉를 부르는 중년 남성을 본 적이 있다. 노래는 냉혹한 세상에서 살아남기 위해 해야 했던 일들을 이야기하면서, 그 과정에서의 어려움을 자신만의 방식대로 헤쳐 나갔다고, 넌지시 고백하고 있다.

〈마이 웨이〉는 이 책의 주인공인 회사인간의 주제가라고 할 만한 노래다. 회사인간은 현재까지 자신의 방식대로 살아왔고, 무한히 확장할 것 같았던 공적 영역에 투신했다. 그리고 이러한 삶이 자기 자신과 가족, 나아가 사회와 국가 모두에게 이로운 일이 될 것이라는 막연한 믿음을 가지고 있었다. "묵묵히 자신의 길을 자신만의 방식으로 나아가는 것"은 그들이 성장 과정에서 내면화한 삶의 태도다.

그런데 이 노래는 직장 상사가 회식 자리에서 부르지 말아야 할 노래 1순위라고 한다. 국가적 빈곤 상황에서 안정적인 직장을 얻고, 경제 위기를 극복했던 삶을 "잘 살아왔다"라며 위로하는 이 노래가, 흥을 깨뜨린다는 이유다. 그래도 노래방의 중년 남성들은 여전히 이 노래를 부른다. 이들은 〈마이 웨이〉를 부르며 스스로를 위로하는 것 외에는, 자신을 표현하는 방법을 알지 못한다. 회사인간이 꼰대 취급을 받고, 고립되는 이유가 여기에 있다.

지하철에서 만났던 그 어르신, 혹은 누군가의 아버지는 아마도 이 책의 한 부분을 구성할 만한 사람들 중 한 명이었을 것이다. 그리고 그들은 회사에서 겪은 것과는 완전히 다른 새로운 의미의 산전수전을 겪고 있다.

그렇다고 해서 이 책이 퇴직한 회사인간을 구조적으로 버림받은 피해자로 보고 국가와 가족의 돌봄을 요구하는 것은 아니다. 반대로 회사인간에게 근대적 남성 주체의 공모자이자 가부장제 내부의 가해자로서의 책임을 묻는 것도 아니다.

이 책은 어떤 인간 집단의 모습을 이야기하고자 했다. 그리고 그 집단이 가진 어떤 가능성에 대해 쓰려고 했다. 한국 사회의 많은 것을 이미 이루었으나 또다시 많은 것을 요구받는 사람들, 그들의 소통 가능성에 대해 말하고 싶었다. 또한 그러한 소통의 가능성은 우연으로 만들어지는 것이 아니라, 삶의 과정에 대한 이해로부터 오는 것이라는 점을 밝히고 싶었다.

그래서 나는 질문을 던졌다. 가난하게 태어났으나 국부國富를 이루며 성공적으로 살아남았다 믿었던 사람들은 그 위대한 과거를 여전히 좋았던 시절이라 말하고 있는가. 시간의 흐름과 환경의 변화에 대응하는 동안에도 기어이 그때 그 시절 그대로의 존재로 살아가는 것인가. 1980년대의 젊음과 2010년대의 노년의 역사를 살고 있는 이들은 지금의 청년들과 어디에서 마주하고 있는가. 가장 가까운 곳에서 일상적으로 마주하고 있는 그들로부터 느꼈던 이질감의 기원을 거슬러 올라가 보고자 했다.

흔히 꼰대라고 불리는 이들의 태도와 가치관, 감정은 개인적인 특성은 아니다. 오히려 시대적 맥락에 따라 만들어진 집단적 정체성에 가깝다. 젊은 우리도 현 시대의 요구와 맥락 속에서 특유의 정체성을 형성해 나가고 있는지도 모른다. 그렇기 때문에 이 책은 내 아버지의 이야기인 동시에, 나의 이야기이다.

주

1 _ 전후 한국 산업의 성장이 한국 문화의 가부장적 특징과 결합하는 과정을 다룬 글로 Robert R, Kearny, 《The Warrior Worker》(1991)과 풍산 유씨의 Poongsan Corporation 의 사례를 연구한 김충순의 《The Culture of Korean Industry》(1992)를 참고할 수 있다. 아울러 일본의 가부장제와 자본주의 형성에 관련된 책으로는 우에노 지즈코, 《가부장제 와 자본주의》(1994)와 Edward Fowler, 《San'ya Blues: Laboring Life in Contemporary Tokyo》(1998)을 참고할 수 있다.

2 _ 문승숙, 《군사주의에 갇힌 근대》, 또하나의문화, 2007.

3 _ William H. Whyte, 《Organization Man》, Doubleday Anchor Books, 1957.

4 _ 통계청, 통계로 보는 서울 지역 중장년층 4050세대, 2017. 3. 17.

5 _ 고용정보원, 《고용동향브리프》, 2017. 3.

6 _ 이들은 자본가, 정치 엘리트의 상층과 화이트칼라, 일반 공무원, 소자본 자영업자인 중간 계급, 그리고 공장 노동자, 주변 계급, 소작농민을 하층 계급으로 분류한 직업적 분류로부터 경제적, 사회문화적 지표에 의해 중상층에 속한다고 할 수 있다. 경제적 지표는 도시 가구를 기준으로 한 월 평균 소득의 90퍼센트 이상, 20평(66㎡) 이상의 자가 소유 부동산부터 30평(99㎡)이상의 전월세 세입자를 기준으로 한다. 사회문화적 지표로는 2년제 이상의 대학 교육을 받은 정도를 기준으로 한다. 홍두승, 《한국의 중산층》, 서울대학교출판부, 2005.

7 _ 서두원은 회사의 임원은 중간 관리직이 아니기 때문에 화이트칼라라고 볼 수 없다고 했지만 정신노동이라는 업무 성격과 자회사가 아니라는 점, 사원으로부터 승진을 통해 임원직을 할 수 있었다는 점에서 화이트칼라 범주에 넣을 수 있다. 서두원, 《한국 화이트 칼라 노동운동》, 아연출판부, 2003.

8 _ 단자 회사는 6개월 미만의 어음 및 채무 증서 발행, 어음 할인, 매매 인수, 보증과 CMA 업무 등을 취급하는 단기 금융 시장에서 자금의 대차 또는 중개를 주요 업무로 하는 회사를 말한다.

9 _ 이상길, 〈일상적 의례로서 한국의 술자리〉, 한국여성커뮤니케이션학회 창간호, 2004.

10 _ 김규형, 〈금융 기관도 망할 수 있다〉, 《매일경제》, 1997. 2. 22.

11 _ "Executive MBA라고 해가지고 일반적인 MBA과정이 아니고 임원, 최고 경영자들만 갈 수 있는 거예요. (…중략…) 연간제 목표를 가지고 경쟁을 할 거 아닙니까. 거기서 상위 그룹에 속한 사람들한테 그런 기회를 주는 거지. 너 고생했으니까 좀 쉬어라. 그래서 업무 안하고 하루 6시간씩 수업 듣는데 점수 관리도 안 해"(H, 재취업)

12 _ 회사에서 구조 조정이나 퇴직 연령에 있는 사람들을 재취업할 수 있도록 정보를 제공하고 훈련 및 교육을 시킴과 동시에 해당 인력을 필요로 하는 회사와 연결해 주는 업체를 말한다.

13 _ "동굴 속 황제는 이 본질적 특성에 따른 여러 가지 부수적인 특징들도 가지고 있다. 그는 자기 자신을 진선미의 화신이라고 생각하며, 자신의 우월함을 타인에게 강요하거나 타인으로부터 인정받으려고 한다. 또 그 같은 신분 관계에서 생겨나는 심리적 영토를 끊임없이 넓히려고 하는 행동 원칙을 갖고 있다" 전인권, 《남자의 탄생》, 푸른숲, 2003, 293~294쪽

14 _ 김다슬, 〈100세 시대의 복병, 은퇴 남편 증후군〉, 《경향신문》, 2011. 12. 8.

15 _ 정나라, 〈5060 은퇴 리스크 매트릭스〉, 미래에셋은퇴연구소, 2017. 3. 9.

16 _ 이상길은 한국 사회의 술자리가 사적인 장소가 아니라 술집(음식점, 카페, 바, 호프집, 단란주점, 룸살롱)이라는 공적인 장소 안에 사적인 공간을 형성하는 준-사적 공간이라는 점을 지적한다. 이상길, 〈일상적 의례로서 한국의 술자리〉, 한국여성커뮤니케이션학회 창간호, 2004.

17 _ 송호근, 《그들은 소리 내 울지 않는다》, 이와우, 2013, 171~172쪽

18 _ 공적 관계망은 퇴직자들이 공적 활동을 시도하고 유지할 수 있는 터전인데 퇴직자라는 현재의 지위로 인한 자격지심 때문에 후퇴하고 철수하는 자신을 발견한다. 송

호근, 위의 책, 178쪽

19 _ 미국에서 가장 막대한 영향력을 가졌던 화이트칼라 계층이 경제 위기와 더불어 계층 하락을 겪는 과정에 대한 글은 Katherine S. Newman의 《Falling From Grace: The Experience of Downward Mobility in the American Middle Class》(1988)를 참고할 수 있다.

20 _ 바버라 에런라이크(Barbara Ehrenreich)는 미국 사회의 기득권을 형성하고 있던 화이트칼라들이 자신들이 합리성을 기반으로 만들어 놓은 회사 조직으로부터 합리적으로 이탈하게 되는 과정과 퇴직자의 재취업 산업이 계량화, 정량화 도구를 통해 그럴 듯하게 꾸며 내는 합리적 언행들을 통해 퇴직 후 재취업의 희망이 결국에는 퇴직금을 투자하게끔 만드는 방식으로 이루어지며, 사실상 희망 고문에 불과하다는 점을 지적하고 있다. 바버라 에런라이크(전미영 譯), 《희망의 배신: 화이트칼라의 꿈은 어떻게 무너지고 있는가》, 부키, 2012.

21 _ 각종 교육이나 컨설팅을 제공하는 프로그램으로서, 심리 검사를 통해 진로 및 경력 설계 등이나 인재 채용 시스템에 적용되고 있다. http://www.birkmankorea.co.kr

22 _ 사회화 과정을 거치면서 후천적으로 학습된 영구적인 성향 체계를 의미한다. 프랑스 사회학자 피에르 부르디외가 제시한 개념이다.

북저널리즘 인사이드   꼰대의 속사정

'적게 듣고 많이 이야기한다. 같은 말을 두 번 반복한다. 함부로 반말을 하기 시작한다. 내 견해만 옳다고 주장한다.'

최근 몇 년 새 유행하고 있는 '꼰대 테스트'의 주요 문항들이다. 종합하면, '꼰대'는 남의 이야기를 잘 듣지 않으면서 자기 말만 하는, 예의 없는 사람이다. 타인에게 이런 평가를 받고 싶어 하는 사람은 아마 없을 것이다. '꼰대 공포증'에 떠는 성인들에게 꼰대 테스트는 스스로 꼰대가 아님을 확인할 수 있는 기회이자, 꼰대가 되지 않는 법을 안내하는 지침과도 같다.

'꼰대 담론'이라는 말까지 나오는 시대에, 꼰대는 은어나 비속어의 수준을 넘은 사회 현상으로 다뤄지는 듯하다. 그러나 그 내막을 찬찬히 들여다보면 아주 단순한 세대 간 대결 구도만 남는다. 젊은 세대들은 꼰대 때문에 못 살겠다는 비판을 쏟아 내고, 어른들은 꼰대가 되지 않기 위해 애쓰면서 미안해하는 것이다. 꼰대 테스트에서 확인할 수 있는 꼰대는 백번 양보해도 좋게는 봐줄 수 없는 민폐 캐릭터이니, 어찌 보면 당연한 결과다.

그렇다 해도, 어떤 세대가, 어떤 직책에 오른 사람들이 무조건적으로 동일한 행태를 보이고 있다는 주장은 어딘가 석연치 않다. 사람 일에는 다 사정이 있고 상황이 있는 것 아니던가.

모두가 꼰대를 손가락질하는 사이, 저자 김종률은 꼰대의 '속사정'에 주목한다. 우리가 꼰대라는 한 마디 말로 단순화한 50대 이상 남성들의 이해하기 어려운 행태가 회사의 조직 문화에서 유래했다는 분석을 내놓는다. 저자는 조직에서 관리자 역할을 맡았던 화이트칼라 남성들을 면접 조사한 결과를 바탕으로, 1980년대 고도성장기에 직장 생활을 하면서 체화한 문화와 습관이 이들의 사회적인 소외와 갈등을 낳고 있다고 분석한다.

회사인간은 공적 영역에 묶여 생존에 집중해 왔다. 회사인간으로서의 정체성이 전혀 어색하지 않은 회사에서 주로 생활해 오면서 외부와는 단절돼 있었다. 과거의 시대적인 요구에 의해 자연스럽게 체화한 정체성은 새로운 시대에는 더 이상 받아들여지지 않는다. 과거의 아버지 세대가 누렸던 연장자에 대한 존경도, 회사에서 누렸던 권위도 없는 회사 밖 세계에서 이들은 혼란을 겪을 수밖에 없다.

회사인간도 꼰대보다는 멘토가 되고 싶다. 그러나 멘토가 되려는 시도는 번번이 실패한다. 회사에서 체득한 화법으로는, 부하 직원을 대하는 태도로는, 자녀 세대와 대화조차 할 수 없다. 수십 년을 회사에 투신하면서 나라를 위해, 가족을 위해 일해 온 자신을 존중하기는 커녕 피하고 비난하는 가족들의 모습에 회사인간은 좌절하게 된다. 대화의 시작은 관심과 이해다. 이 책은 시대적 존재로서의 회사인간을 이해함으로써 대화와 소통을 시작하는 계기를 만들고 있다. '꼰대가 되어서는 절대 안 된다'는 당위론 이전에 '왜 꼰대가 되었을까'라는 의문을 던지는 저자의 시선이 따뜻한 이유다.

김하나 에디터